Liselotte Schlager

Linzer Torte

Hochzeitstafel Sigismunds von Dietrichstein (1515). Rechts ein Backwerk, das einer Linzer Torte sehr ähnelt.

Der Umschlag zeigt das Frühstücksservice der Kaiserin Elisabeth, einer Liebhaberin der Linzer Torte.

Liselotte Schlager

Linzer Torte

Drei Jahrhunderte Kulturgeschichte um ein Backwerk

LANDESVERLAG

INHALT

Die Heimat der Linzer Torte 5
Kleine Tortologie 9
Legenden um die Linzer Torte und ihre Erfinder 11
Die Linzer Torte im Laufe der Geschichte 17
Wo und wie man der Linzer Torte noch begegnet 33
Was man so alles braucht, bevor es ans Backen geht 38
Linzer Torte in aller Welt 51
Anmerkungen 88
Nachwort 94

Gedruckt in Österreich; 1. Auflage / 1990
Gesamtherstellung: LANDESVERLAG Druck Linz
Layout: Gottfried Bogner, Linz

ISBN 3-85214-539-2

CIP-Titelaufnahme der Deutschen Bibliothek

Schlager, Liselotte:
Linzer Torte: 3 Jahrhunderte Kulturgeschichte um ein Backwerk / Liselotte Schlager. – 1. Aufl. – Linz: Landesverl., 1990
ISBN 3-85214-539-2

Die Heimat der Linzer Torte

Für Nichtösterreicher gibt es bisweilen Schwierigkeiten, unser wunderschönes Land Österreich geographisch einzuordnen. Schuld daran ist, daß wir für Ausländer, die das „Ö“ kaum oder schwer aussprechen können, unser Land noch immer mit dem lateinischen Wort „Austria“ bezeichnen, obwohl die Römer schon um etwa 490 n. Chr. unser Gebiet verlassen haben und es seit dem 1. November 996 urkundlich ein Ostarrichi = Österreich gibt. Österreich ist also nicht mit Australien zu verwechseln, es liegt mitten in Europa. In der zweiten Strophe der österreichischen Bundeshymne heißt es so schön:

Heiß umfehdet,
wild umstritten,
liegst dem Erdteil du inmitten,
einem starken Herzen gleich.
(*Paula von Preradović*)

Dieses „inmitten“ bedeutet, daß Österreich 10° bis 17° östlich von Greenwich und in 47/48° nördlicher Breite liegt, der 49er streift Niederösterreich an der Grenze zur Tschechoslowakei.
Zu einem Bund gehören bekanntlich mindestens zwei – in der Bundesrepublik Österreich gibt es sogar neun Bundesländer, wobei Wien Bundeshauptstadt und Bundesland zugleich ist.
Alle Bundesländer werden von einer Landesregierung regiert, an deren Spitze ein gewählter Politiker steht. Er ist kein Gouverneur, sondern ein Hauptmann. Das mag militärisch klingen, aber ursprünglich war es eben eine Bezeichnung für das Oberhaupt, den Anführer – für jenen also, dem man zutraute, für andere denken zu können. Der Landeshauptmann residiert mit seinen Landesräten und Landtagsabgeordneten – unterstützt vom Beamtenstab – im Landhaus zu Linz. Das Landhaus ist ein Regierungsgebäude, das ursprünglich Sitz der Landstände war – die Stände gehören schon lange der Vergangenheit an, die Bezeichnung Landhaus blieb.
Linz liegt im Bundesland Oberösterreich. Dieses Land ist ein berühmtes Fremdenverkehrsgebiet, man denke nur an das Salzkammergut mit Bad Ischl oder an das Mühlviertel und den Böhmerwald, den Adalbert Stifter immer wieder zum Gegenstand seiner Erzählungen gemacht hat. Das fruchtbare und liebliche Inn- und Hausruckviertel, das Voralpenland des Traunviertels mit seinen stolzen Vierkantern und St. Florian, der Wirkungsstätte Anton Bruckners, die Eisenwurzen mit den alten Märkten, auch ein Teil der nördlichen Kalkalpen mit dem Dachstein – all das ist Oberösterreich.
Nicht aufzählen kann man die vielen Kunstschätze in unserem Land und die Meister, die sie geschaffen haben. Sie alle haben in Schlössern und Kirchen, in Klöstern und Bürgerhäusern ewig Gültiges hinterlassen.
Das Land ist auch gesegnet mit Bodenschätzen und vor allem mit bedeutenden Heilbädern, in denen schon viele Kurgäste Heilung oder Linderung ihrer Leiden gefunden haben.

Linz ist also die Landeshauptstadt von Oberösterreich und zwar seit 1490. In derselben Urkunde vom 10. März 1490, in der Kaiser Friedrich III. Linz zur Hauptstadt des Fürstentums ob der Enns erhoben hat, gestattete er den Bürgern die freie Wahl eines Bürgermeisters. So hat Linz auch heute einen gewählten Politiker als Bürgermeister, der mit den Stadträten und Gemeinderäten die Belange von rund 200 000 Mitbürgern zu wahren hat.
Wenn man den Zeitungen glauben darf – und ein Körnchen Wahrheit steckt ja doch in den Berichten[1] –, so gibt es auf unserer lieben Mutter Erde mindestens 12 Orte, die „Linz" heißen, solche wie etwa „Linzi" in der Provinz Shantung in China oder „Lins" nordwestlich von Sao Paulo in Brasilien gelegen sind hier nicht mitgezählt. Auch der kleinste Ort Österreichs heißt pikanterweise Linz, er liegt im schönen Kärnten. Die beiden größten Siedlungen dieses Namens jedoch sind Schwesternstädte und sind an großen Flüssen entstanden, die eine am Rhein in Deutschland, die andere an der Donau in Österreich.
Die Siedlung hat eine lange Tradition. Der Name Linz (spätlateinisch „Lentia") kommt aus dem Keltischen „lentos" und bedeutet „Siedlung an der Krümmung" (der Donau).[2] Die beständige Besiedlung des Linzer Raumes ist seit der Jungsteinzeit nachzuweisen. Schließlich erhebt sich noch der Kern eines einst größeren Gebäudes aus der frühen Karolingerzeit, die Martinskirche, als älteste noch aufrecht stehende Kirche Österreichs auf dem Römerberg nahe dem Schloß, das heute ein bedeutendes Museum beherbergt. Linz verdankt diese Siedlungskontinuität der Lage am Schnittpunkt zweier Verkehrsverbindungen, einer West-Ost-Verbindung (Donau und Straße) und einer Nord-Süd-Verbindung, die vor allem dem Salzhandel diente. Naturgemäß bedurfte eine derartig strategisch wichtige Siedlung eines entsprechenden Schutzes, einer Burg, in deren Umgebung sich Handel und Gewerbe entfalten konnten. Bereits um 1236 wird Linz „civitas", also Stadt, genannt.[3]
In den folgenden Jahrhunderten entwickelte sich Linz unter den Habsburgern zu einem bedeutenden Verwaltungszentrum. Die wiederholte Anwesenheit der Landesherren in Linz, speziell aber als unsere Stadt unter Kaiser Friedrich III. Residenz wurde, ließ die damalige große Welt hier zu Gast sein. Die Burg war jedoch nicht so geräumig, als daß sie das Gefolge der Herrschaften auch aufzunehmen imstande gewesen wäre. So wurde auch der Hofstaat in Adels- und Bürgerhäusern einquartiert, was Wunder, wenn es da zum Austausch manchen Rezeptes zwischen den Küchengewaltigen gekommen ist, selbst wenn man sich nicht immer durch die Sprache verständigen konnte. So wissen wir, daß während der Anwesenheit von Kaiser Ferdinand II. und seines Hofstaates der spanische Meisterkoch im St.-Peter-Hof (Pfarrplatz 4, der heutige Pfarrhof) einquartiert war.[4]
Man muß sich einmal vergegenwärtigen, woher die Habsburger im Spätmittelalter ihre Gattinnen geholt haben, die ihrerseits mit eigenem Personal angereist kamen, unter dem der heimatliche Koch gewiß eine wichtige Rolle gespielt hat. Die hohen Damen waren zu Hause in Portugal, Burgund, Italien, Böhmen und Ungarn sowie Spanien – aufgezählt sind hier die Gemahlinnen von Friedrich III. bis Maximilian II. Die vielen Kaufleute, die von weither die beiden Linzer Jahrmärkte besuchten und Waren aus aller Welt anboten, trugen ebenfalls dazu bei, daß die Linzerinnen und Linzer der „besseren Kreise" die Genüsse der großen Welt schätzen lernten.
Berühmte Dichter und Wissenschaftler fanden

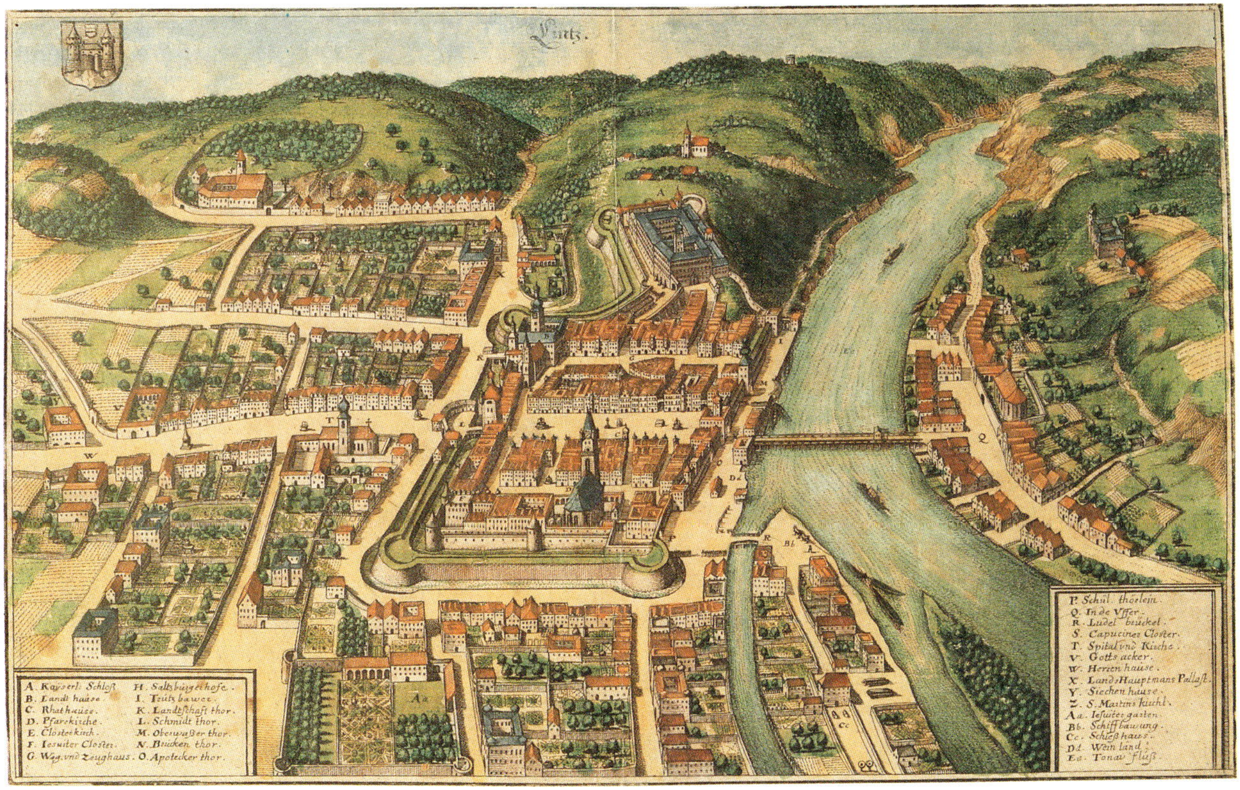

Linz vor 1649. Kolorierter Kupferstich von Matthäus Merian, der die Stadt von Osten zeigt. Gegen den oberen Bildrand die Martinskirche, darunter das Schloß, die Altstadt und der in der Babenbergerzeit entstandene Hauptplatz.

hier ihren Wirkungskreis. Große Humanisten wie Konrad Celtis, Johannes Cuspinianus, der Schweizer Vadianus, Aventin und Reuchlin weilten in Linz, Johannes Kepler vollendete hier seine Harmonices Mundi; nach ihm wurde im 20. Jahrhundert die neu gegründete Linzer Universität benannt. Zwei Jesuitenpatres aus Linz, nämlich P. Johannes Grueber und P. Xaver Ernbert Fridelli, haben sich um die Erforschung Chinas im 16. und 17. Jahrhundert verdient gemacht. 1672 entstand in Linz die Wollzeugfabrik, die in ihrer Glanzzeit im 18. Jahrhundert an die 60 000 Heimarbeiter in allen Erbländern der Habsburger beschäftigte.[5] Erst wieder im 19. Jahrhundert, in der Gründerzeit, setzte in Linz eine größere Industrialisierungswelle ein, die zu Beginn und nach Ende des Zweiten Weltkriegs mit der Gründung der Staatsbetriebe Stickstoffwerke (später Chemie-Linz AG.) und vor allem einer großen Stahlindustrie (später VÖEST-Alpine) neben vielen anderen bedeutenden Privatunternehmen abermals einen Höhepunkt erreichte.

Das barocke Stadtbild wurde mitgestaltet von dem Linzer Baumeister Johann Michael Prunner. Bartolomeo Altomonte hat hier gewirkt, ebenso die Familie Canevale. Der Linzer Maler Johann Baptist Reiter gewinnt immer mehr an Wertschätzung bei den Kunstverständigen.
Von den Musikern hat Mozart freundschaftliche Beziehungen zu Linz unterhalten, er schuf hier seine Linzer Symphonie. Beethovens Bruder war Apotheker in Linz – ihre Beziehung war allerdings nicht immer sehr freundschaftlich. Auch Schubert weilte des öfteren bei Freunden in Linz, doch am meisten mit dieser Stadt verbunden bleibt von den Tonschöpfern für alle Zeit Anton Bruckner, der jahrelang in unserer Stadt gewirkt hat. Ihm ist das Brucknerhaus, ein schönes, an der Donau gelegenes Konzertgebäude gewidmet, in dem alljährlich das Brucknerfest abgehalten wird, verbunden mit der Ars Electronica und der Klangwolke, die Zehntausende nach Linz ziehen und die Millionen Menschen in aller Welt an den Bildschirmen miterleben können.
Was die Literatur betrifft, so ist Linz mit dem Namen Goethe untrennbar durch Marianne Willemer verbunden, die hier zu Hause war. Außer Marianne Willemer lebten noch andere Damen in Linz, die zu Dichterehren gekommen sind: Enrica von Handel-Mazzetti, Maria von Peteani und Grete von Urbanitzky, die man eben wiederentdeckt. Von den Herren Dichtern war Hermann Bahr ein Linzer Kind, doch scheint seine Jugend in Linz nicht immer glücklich verlaufen zu sein. Rilke erlebte hier seine erste Liebe. Die überragende Dichterpersönlichkeit ist jedoch Adalbert Stifter, der zwar nicht in Linz geboren wurde, aber jahrelang bis zu seinem Tode in Linz gelebt und gewirkt hat.

Es gäbe noch vieles über Linz zu erzählen: von der schönen Altstadt mit den gepflegten Bürgerhäusern und ehemaligen Stadtpalästen des Adels und der Klöster, vom regen Kulturleben in der Stadt, den Bildungs- und Sporteinrichtungen und den vielen Erholungsmöglichkeiten in gepflegten Parkanlagen, an Seen und an der Donau oder im umliegenden Hügelland, von den geschmackvollen Geschäften, den gemütlichen Gaststätten und Beiseln oder gar den Konditoreien, in denen so viel Verführerisches lockt. Kurzum, ob die Donau auf- oder abwärts, mit dem Schiff, per Bahn, mit dem Rad oder dem Flugzeug, wer nicht hier zu Hause ist, für den ist Linz eine Reise wert.

Kleine Tortologie

Was nichts anderes heißen will als die Lehre von den Torten, speziell vom Wort und seiner Bedeutung.
Küchenausdrücke werden selten in einschlägigen wissenschaftlichen Wörterbüchern behandelt, aber die „Torte" fand schon früh Beachtung. Sie schien es also den Männern – und sie waren ja die Lexikographen – wert gewesen zu sein, in ihre Werke aufgenommen zu werden.
Da gibt es zum Beispiel ein „Großes vollständiges Universal-Lexicon Aller Wissenschaften und Künste, welche bishero durch menschlichen Verstand und Witz erfunden und verbessert worden." Verlegt von Johann Heinrich Zedler 1744 in Leipzig und Halle. Dort heißt es unter anderem: „Tarte, Torte, Scriblita, Popanum, Turte ist ein, aus einem guten Butterteig, in einer darzugehörigen Pfanne formirtes Gebackens, worein ein sonderliche Fülle von allerhand rohen oder eingemachten Früchten und dergleichen geschlagen, und selbige hernach im Back-Ofen gebacken wird..."[6]
Auf die Bedeutung des Wortes geht der Lexikograph jedoch nicht weiter ein, lediglich daß „Tarteletten" kleine Tarten sind, „welche in kleinen Pasteten-Pfännlein, von Teig und einer Fülle bereitet, gebacken werden" hält er für erwähnenswert.
Im Etymologischen Wörterbuch von Kluge[7] versucht man endlich eine Deutung des Wortes, und zwar aus dem Lateinischen „tortus", das Partizip von torquere (=drehen), das heißt aber nicht, man habe den Leuten die Torte angedreht, sondern sie sei selbst ein „gewundenes Gebäck". Freilich gibt es einen kleinen Irrtum, wenn es dort heißt: „...auf deutschem Boden seit 1418, Lübecker Urkunden-Buch 6.88." Denn im großbürgerlichen Haushalt des Kölner Finanzmanns Hermann von Goch, der am 7. Mai 1398 durch Hinrichtung endete, kannte man auch schon Torten. Aus seinem Besitz hat sich ein „Haushaltungsbuch" wohl nur deshalb erhalten, weil es als Beweismittel im Prozeß der Stadt Köln gegen ihn diente. Die Aufzeichnungen beginnen am 23. Jänner 1391 und währen mit einigen längeren Unterbrechungen bis zum 10. Jänner 1394. Zweimal wird erwähnt, daß eine „torta" gekauft wurde. Das Haushaltsbuch ist veröffentlicht,[8] und der Kommentator meint, es habe sich wohl um einen Striezel oder einen Zopf gehandelt. Wie er zu der Annahme kommt, ist nicht ersichtlich. Jedenfalls scheinen „torta" und Kuchen beliebte Geschenke gewesen zu sein, denn in der Haft 1391 erhält Hermann von Goch 16 Stück.
Und weil sie so schön kurz ist, sei noch die Erklärung des Wortes im Duden-Herkunftswörterbuch angeführt: „Torte (weiblich). Der Name des Feingebäcks wurde in neuhochdeutscher Zeit aus gleichbedeutend italienisch torta entlehnt, das unter anderem mit entsprechend französisch tourte ‚Fleischtorte, Ölkuchen' und spanisch ‚torte' ‚Torte' auf spätlateinisch torta ‚rundes Brot, Brotgebäck' beruht. Die weitere Herkunft des Worte ist dunkel."[9]

Mit der Herkunft des Wortes „Torte“ beschäftigte sich auch Annemarie Wurmbach in ihrer Arbeit über „Kuchen – Fladen – Torten“. Sie kommt zu dem Schluß, daß diese drei Ausdrücke ursprünglich dasselbe bedeutet haben, nämlich Gebäck ohne Triebmittel, daher war es ein flaches Backwerk. Sie verweist auf die Bibelübersetzung des Kirchenvaters Hieronymus, die berühmte Vulgata, in der das Wort „torta“ mehrfach und in abgewandelter Bedeutung vorkommt. Einmal bedeutet „torta panis“ einen Laib Brot, dann heißt es „tortam absque fermento“, also Gebäck ohne Sauerteig. Bei Ekkehard I. von St. Gallen, er lebte im 10. Jahrhundert, bedeutet „panis torta“ das Aschenbrot (in der Asche gebackenes Brot).

Zur Etymologie selbst meint die Autorin: „Den ältesten Bedeutungen nach scheint ‚torte‘ im Sinne von ‚pastetenartiges Gebäck‘ ins Deutsche übernommen worden zu sein. Niederländisch ‚taart‘ lebt heute noch teilweise in der Bedeutung ‚Pastete‘, ebenso englisch ‚tart‘… Lateinisch ‚torta‘ hat sich vom einfachen Flachbrot über den Pfannkuchen zu einem Gebäck der feinen Küche entwickelt.“[10]

Wie dem auch sei, Hauptsache ist, daß sich die Torte dank der Kunst der Köche und Köchinnen zu einem Spitzenprodukt gewandelt hat und in doppeltem Sinne „eine runde Sache“ geworden ist, im besonderen unsere Linzer Torte.

Legenden um die Linzer Torte und ihre Erfinder

Mit diesem Kapitel werden viele Linzerinnen und Linzer, Konditoren, Bäcker, Budapester, Wiener, Rechtsanwälte, Journalisten, Nach- und Abschreiber keine wahre Freude haben, denn es wird manche Illusion zerstören – dabei wären die Geschichterln zum Teil „soo schöön".
Aber gehen wir chronologisch vor:

Der Bäcker mit Namen Linzer aus Wien

Ohne zeitliche Einordnung wird in Wien erzählt, daß ein Wiener Bäcker die Linzer Torte erfunden habe. Es läßt sich nicht mehr feststellen, ob nun niemand geringerer als der Wiener Schriftsteller, Satiriker und Theaterkritiker Alfred Polgar[11] der Weitererzähler einer schon bestehenden Geschichte war oder sie selbst erfunden hat und mit Schmunzeln verfolgte, wie man sie verbreitete – zuzutrauen wäre es ihm. Es gibt jedoch weder einen einschlägigen Artikel über diesen Erfinder, noch läßt sich unter den Bäckern oder Vertretern eines ähnlichen Berufes ein Mann namens Linzer finden.[12]
Es war aber nicht der einzige Bär, den man den Linzer-Torten-Fans aufgebunden hat. In Linz war der nächste Schelm zu Hause, dessen Namen wir aber nicht kennen, der dem Wiener Autor Ernst Trost ebenfalls so ein liebes Brauntier verpaßt hat:

Der Koch des Fürstbischofs Firmian von Passau

Ernst Trost schreibt in seinem Buch „Die Donau"[13] unter anderem: „Die Linzer könnten auch noch andere Geschichten von prominenten Gästen ausplaudern: ... von der Linzer Torte, jenem spröden, vergitterten, im Mund zerstäubenden und doch so köstlichen Produkt donauländischer Konditorkunst. Zwei Konditoreien streiten sich darum, wer das Originalrezept besitzt. Für den Besuch des Fürstbischofs Firmian von Passau soll ein Koch im 18. Jahrhundert dieses süße Linzer Wahrzeichen komponiert haben; die anderen sagen, der Vater der Linzer Torte sei Johann Konrad Vogel ..."

Es gab sogar zwei Firmiane als Erzbischöfe, jedoch nicht Vater und Sohn. Der ältere war Leopold Anton Eleutherius Graf von Firmian, geboren am 27. Mai 1679, gestorben zu Salzburg am 22. Oktober 1744.[14] Sein Besuch in Linz, wenn je ein solcher stattgefunden hat, kann nicht Anlaß zur Erfindung der Linzer Torte gewesen sein. Er muß sie schon längst gekannt haben, denn Conrad Hagger, der Koch seines Vorgängers, hat das Rezept bereits in sein gedrucktes Kochbuch von 1718 aufgenommen.[15]

Noch viel weniger kann es sich um den Besuch des zweiten Erzbischofs Firmian in Linz gehandelt haben, dem zu Ehren die Torte erfunden worden sein soll, denn Leopold Max Graf Firmian, geb. zu Triest 1766, gestorben zu Wien 1831, war wesentlich jünger als der schon erwähnte Erzbischof von Salzburg, außerdem war er nicht Fürstbischof von Passau, sondern Erzbischof von Wien.[16]

Der Linzer Hauptplatz, wie ihn ein unbekannter Künstler nach 1774 gesehen hat. Auf diesem Platz wurden zweimal im Jahr die international beschickten Jahrmärkte abgehalten.

Der Linzer Konditor Johann Conrad Vogel

Fest steht, daß dieser Mann wirklich gelebt hat. Am 9. August 1796 ist er im fränkischen Weihenzell bei Ansbach (damals ab und zu auch Anspach geschrieben) als Bauernkind geboren worden. Er erlernte die Lebküchnerei und Konditorei. 1818 wurde er Konditorgehilfe in der Konditorei Klein in Nürnberg, wo er die Bekanntschaft des Kaufmannes Johann Tobias Kißling machte. Dieser besuchte regelmäßig die Linzer Jahrmärkte, um vor allem Bibeln und evangelische Bücher zu verkaufen. Die Linzer Zuckerbäckerswitwe Katharina Kreß, die ihren Betrieb im Hause Altstadt 4 führte und für drei Kinder zu sorgen hatte, bat nun den Nürnberger Kaufmann, ihr einen Geschäftsführer zu vermitteln. Er erinnerte sich an den jungen Konditor, der nach einigen anderen Stationen soeben eine Stelle in Mühlhausen in Thüringen gefunden hatte und forderte ihn auf, sich bei Frau Kreß zu bewerben. Am 2. November 1822 traf Vogel in Linz ein, und nach neun Monaten Aufenthalt heiratete er die Witwe

Kreß und übernahm das Geschäft als Zuckerbäcker, das er bis 1875 innehatte. Während dieser Zeit entfaltete er eine segensreiche Tätigkeit in der evangelischen Gemeinde in Linz, deren Mitbegründer er wurde. Mit viel Engagement setzte er sich für den Bau der evangelischen Kirche ein und vor allem für die Armen. Er war Gründer und Mitbegründer vieler Wohltätigkeitsinstitutionen und -vereine, war Armenvater und Armeninspektor. Im Laufe seines langen Lebens fand er auch die entsprechende Anerkennung für seine Wohltaten: Die Straße, an der das evangelische Gotteshaus steht, wurde nach ihm benannt, er wurde Ehrenbürger von Linz und erhielt das goldene Verdienstkreuz mit der Krone. Die „Fest-Feier zum 80. Geburtstage und zum 50jährigen Armenvaterjubiläum“ am 9. August 1876 ist mit allen Reden und Gedichten in der Tagespost gedruckt und in einem Separat-Abdruck 1882 veröffentlicht worden.[17] Von einer Erfindung der Linzer Torte ist dort nichts zu lesen. Diese Legende mit allen Details muß also nach seinem Tode entstanden sein, sie wurde auch gleich danach dementiert. Die entsprechende Notiz in der Linzer Tagespost vom 11. Oktober 1883, Seite 4, lautet: „Der Erfinder der Linzer Torte. Die offizielle Linzer Zeitung erzählt in ihrer Nachricht vom Tode Johann Conrad Vogels, daß Vogel der Erfinder der Linzer Torte gewesen sei. Wir würden von dieser Unrichtigkeit keine Notiz genommen haben, wenn selbe nicht in das Volksblatt und in die meisten Wiener Journale übergegangen wäre. So wollen wir aber doch erwähnen, daß die Linzer Torte lange gemacht wurde, bevor Vogel nach Linz kam.“ Fairerweise übernimmt das Volksblatt die Nachricht und berichtet vom Dementi der Tagespost.[18] Das waren noch Zeiten, in denen auch die kleinste Falschmeldung freiwillig widerrufen wurde!

Und was erzählte und erzählt man sich heute noch? Johann Conrad Vogel habe die Torte 1823 erfunden, sowie Vogel sei zu einer wichtigen Angelegenheit ins Rathaus gerufen worden und habe einen Lehrling beauftragt, solange an der Tortenmasse, die er eben bearbeitete, weiterzurühren, bis er wiederkäme – es würde nicht lange dauern. Es dauerte länger als gedacht, und siehe da, es wurde eine hoch aufgehende Torte, die herrlich schmeckte.
Der Ruf der Torte verbreitete sich weitum, sodaß Vogel sogar Hoflieferant wurde.
Manche Leute hatten schon Zweifel an der Erfindung und schwächten die Verdienste Vogels dahingehend ab, daß sie behaupteten, er habe die Linzer Torte als erster in den Gewerbebetrieb eingeführt.

Was ist nun an all dem Wahres dran? Leider – gar nichts. Zunächst einmal die Behauptung von dem langen Rühren: Schon in dem ältesten bisher gefundenen Rezept der Linzer Torte aus dem Jahre 1696 heißt es: „... Esz mueß allezeit auf einer seüten gerührt werden vnd dass mehl kombt erst darain, wanß nit weit auf die gantze stundt zu rühren hat.“ Vogel soll also etwas entdeckt haben, was schon 100 Jahre vor seiner Geburt praktiziert wurde? Was die Bekanntheit der Torte anlangt, so ist sie schon im 18. Jahrhundert in den deutschsprachigen Ländern weit verbreitet. Auch in der engsten Heimat Vogels, in Ansbach, war sie vor seiner Linzer Zeit bekannt, denn dort ist 1816 schon in zweiter Auflage ein „Neues Fränkisches Kochbuch“[19] erschienen, in dem es auf Seite 465, Nr. 705, ebenfalls die Linzer Torte gibt. Allerdings enthält dieses Rezept auch Mandeln, die ja für die Linzer Torte charakteristisch sind. Vielfach wird eine Linzer Torte „Original Conrad Vogel“ kolportiert, die keine Mandeln enthält, also aus gewöhnlichem Mürbteig im Verhältnis 3 : 2 : 1 (Mehl, Butter, Zucker) besteht. (Siehe Rezept S. 59) Wäre das seine Erfindung gewesen, daß er die Torte billiger gemacht hat? Was nun den „Hoflieferanten Vogel“ anlangt, so muß ich auch da seine Verehrer enttäuschen. Weder im Haus-, Hof- und Staatsarchiv noch im Hofkammerarchiv in Wien ist der Name Vogel als Hoflieferant nachzuweisen. Wahrscheinlich spielt diese Geschichte auf eine Stelle in den Lebenserinnerungen von Dr. Ferdinand Krackowizer (1844–1929), dem ehemaligen Landesarchivar, an, der berichtet: „Neben Finks Buchhandlung lag das gute Gasthaus Mayreder ‚Zum goldenen Löwen‘, in welchem immer der alte Erzherzog Franz Karl mit seiner Gemahlin Sophie abstieg und übernachtete, wenn er zum Sommeraufenthalt nach Ischl reiste. Er aß dort mit Vorliebe einen Grießschmarrn und nahm eine Linzertorte wohlverpackt zur Weiterfahrt mit.“[20]

Die Landstraße gegen Süden um die Mitte des 19. Jahrhunderts.

Bei Erzherzog Franz Karl und seiner Gemahlin Sophie handelte es sich um die Eltern Kaiser Franz Josephs.
Bleibt noch die Ersteinführung in den kommerziellen Betrieb: wieder nein! In einer Studie über „Die Produktionstätigkeit eines Zuckerbäckers in Pest in den ersten zwei Jahrzehnten des 19. Jahrhunderts, Beiträge zur Geschichte des Pester Zuckerbäckergewerbes“ von Dr. Rózsa Miklós [21] wird angeführt, daß unter den zur Verlassenschaft des Konditors Friedrich Hoffmann (gestorben 1819) gehörenden Geräten 22 Stück Reifen für Linzer Torten und 100 Stück Formen für kleine Linzer Torten zu finden waren – und unter den Produkten 35 Stück kleine Linzer Törtlein. Dies alles in einer Zeit, in der Vogel noch gar nicht in Linz war.
Der Schluß aus der Vogel-Geschichte: Alles, was man von ihm im Zusammenhang mit der Linzer Torte erzählt, muß als Legende bezeichnet werden. Um in Zukunft Verwechslungen der hellen Mürbteig- bzw. Bröseltorte à la Vogel mit der Linzer Torte zu vermeiden, sollte man sie „Conrad-Vogel-Torte“ nennen. Wäre dies schon früher geschehen, hätte auch der Rechtsstreit zwischen zwei Linzer Konditoren vermieden werden können, in dem es um die „Original Linzer Torte“ bzw. das „Original-Rezept “ (nach Vogel) gegangen ist. Der Prozeß endete – dem Richter sei es gedankt – wie das Hornberger Schießen. Allerdings ist damals niemand auf die Idee gekommen, schon vorhandene Publikationen über die Linzer Torte zur Klärung des Sachverhalts heranzuziehen.

Der Linzer in Bad Ischl

1966 ist in einer französischen Frauenzeitung[22] unter der Überschrift „Die unwiderstehliche hausgemachte Torte“ auch von der Linzer Torte die Rede. Da heißt es: „Die berühmte Linzer Torte, nach dem Namen ihres Erfinders. Die Legende erzählt, daß er in seinem Laden in Bad Ischl den Kaiser Franz Josef und Sissi bewirtete.“

Es ist bekannt, daß Kaiserin Elisabeth Süßigkeiten gerne mochte. Sie hat offenbar selber auf ihren vielen Reisen Rezepte der Linzer Torte gesammelt, denn es hat sich eine Liste von der Hand ihres Hofkonditors mit Herkunftsangabe erhalten (siehe Seite 61f). Der Konditor in Bad Ischl hieß zu Kaiserszeiten natürlich nicht Linzer, sondern Zauner, und auch er lebte um Jahrhunderte zu spät, die Torte war längst erfunden.

Der Konditor Müller aus Budapest und der Leutnant Linzer aus Stuhlweißenburg[23]

Nach dem Zweiten Weltkrieg publizierte ein Herr Hazai József in Budapest verschiedene Schriften im Zusammenhang mit dem Zuckerbäckergewerbe. Er war der Schwiegersohn des letzten Besitzers der Konditorei Russwurm im Wohnviertel um die Ofner Burg, aber selber kein Konditor. Hazai behauptete unter anderem, der Linzer Kuchen habe seinen Namen nach einem Honvéd-Leutnant Linzer, der nach der Erstürmung von Ofen beim Konditor Müller, dem Vorgänger Russwurms, einquartiert worden war. Diesem Gast zu Ehren sei also die Torte benannt worden. Ja, Hazai behauptete sogar, ein Bild des Leutnants zu besitzen. Er hat es nie hergezeigt, auch nie sonstige Quellen, z. B. das Rezept der Linzer Torte des Konditors Müller, veröffentlicht, so wie er auch alle anderen Behauptungen nie belegt hat. Die Geschichte mit dem Foto ist ganz eindeutig Fantasie, denn 1849 war die Fotografie in Ungarn noch nicht so weit, und später konnte das Bild nicht mehr entstehen,[24] denn: Es hat tatsächlich einen Honvéd-Leutnant Linzer gegeben, er hieß Rudolf, war der einzige Honvéd mit Namen Linzer, wurde 1827 in Székesfehérvár (Stuhlweißenburg) geboren und starb am 13. Juni 1850 in Verona an Typhus.[25]
Wahr an der Geschichte des Herrn Hazai ist somit nur, daß es einen Honvéd-Offizier mit Namen Linzer gegeben hat. Die Linzer Torte war jedoch in Ungarn um diese Zeit schon längst verbreitet.[26] (Siehe Rezeptteil Ungarn).

Der Budapester Gastronom Károly Gundel

Eine weitere ungarische Legende berichtet, daß der berühmte Budapester Gastronom Károly Gundel[27] der Erfinder der Linzer Torte gewesen sei. Er ist vielmehr der Erfinder der berühmten Gundel-Palatschinke, die sich großer Beliebtheit erfreut.

Mantua als Geburtsort der Linzer Torte

Ein Schweizer Journalist erwähnt nur kurz, daß Mantua der vermutete Herkunftsort der Linzer Torte sei.[28] Über diese Legende konnte ich noch nichts Näheres erfahren.
Somit sind wir mit den erfundenen Erfindern in der neuesten Zeit angelangt. Werden immer wieder Geschichten über die Linzer Torte entstehen? Mögen die Leute keine größeren Sorgen haben!

Die Linzer Torte im Laufe der Geschichte

Bevor die Linzer Torte von auswärtigen Verehrern ihren festen Namen erhielt, wurde sie in Linz unter verschiedenen Bezeichnungen aus den Tortenpfannen gehoben oder dem Öferl entnommen, etwa unterschieden nach der Art der Herstellung, wie „abgerührte“ oder „abgebröselte Mandeltorte“, „Schüsseldorte“ oder „eine gar gute Mandeltorte“ oder „noch eine auf andere Art“, wenn mehrere Rezepte nacheinander festgehalten waren.

Mandeltorten waren schon lange allgemein verbreitet und gehörten zu den Luxusspeisen, die sich nur der Adel, der Klerus und besonders hochgestellte Bürger leisten konnten und durften.

Es ist anzunehmen, daß in Linz das Ergebnis einer bestimmten Backanweisung besondere Wertschätzung fand. Wer die „Eltern“ dieses süßen Kindes waren, läßt sich gewiß nicht mehr feststellen, zumal es sich um das Produkt einer allmählichen Entwicklung handeln dürfte. Um nicht des Lokalpatriotismus verdächtigt zu werden, sei die steirische Fachfrau auf dem Gebiet der historischen Küche, Herta Neunteufl, zitiert: „Die Torte ist vermutlich nach einer in Linz üblichen Teigart benannt worden. Die gelegentlich gehörte Vermutung, ein Koch namens Linzer hätte sie erfunden, widerspricht der historischen Namensgebung von Speisen, insbesondere von Torten. Diese wurden ursprünglich nach den Landstrichen und Ländern benannt, aus denen sie kamen, keineswegs jedoch nach dem Koch …“[29] Das wäre bei dem damaligen Klassendenken unmöglich gewesen, gehörten doch die Köche einem sehr niedrigen Stande an, nämlich der vierten Klasse von insgesamt fünf.

Kaiser Leopold I. (1640–1705) hat das 1671 in einer „Policey-Ordnung In Oesterreich Vnter: und Ob der Ennß“ genau festgelegt und sein Volk in Klassen eingeteilt.[30] Es wurde vorgeschrieben, welche Kleidung, Pelze und welcher Schmuck erlaubt waren, was für das Essen bei Hochzeiten ausgegeben werden durfte und ähnliches.

In den österreichischen Kochbüchern aus dem 17. Jahrhundert tauchen als erstes Tortenbezeichnungen mit den Städtenamen „Linz“ und „Kopenhagen“ auf, dies ist insoweit interessant, als beide Städte im 17. Jahrhundert Orte von Friedensschlüssen waren. Freilich gab es auch schon früher und in anderen Orten Mandeltorten. Die Linzerische war aber nach einem ganz speziellen Rezept bereitet und hatte als typisches Kennzeichen das Gitter, das durch seine darunterliegende Fülle zu lauter kleinen Rauten wird, die seit jeher nicht nur Schmuck waren, sondern auch Symbolcharakter hatten. Schon die Araber liebten rautenförmiges Mandelgebäck.[31]

Daß es bei der Linzer Torte zu dem Rautenmuster – später auch zu anderen Formen des Teigausschnittes – gekommen ist, mag jedoch auch einen praktischen Grund gehabt haben. Waren die aufgestrichenen Marmeladen oder Salsen, wie diese Fruchtmuse genannt wurden, zu feucht, riß durch den Dampf die geschlossene Teigdecke

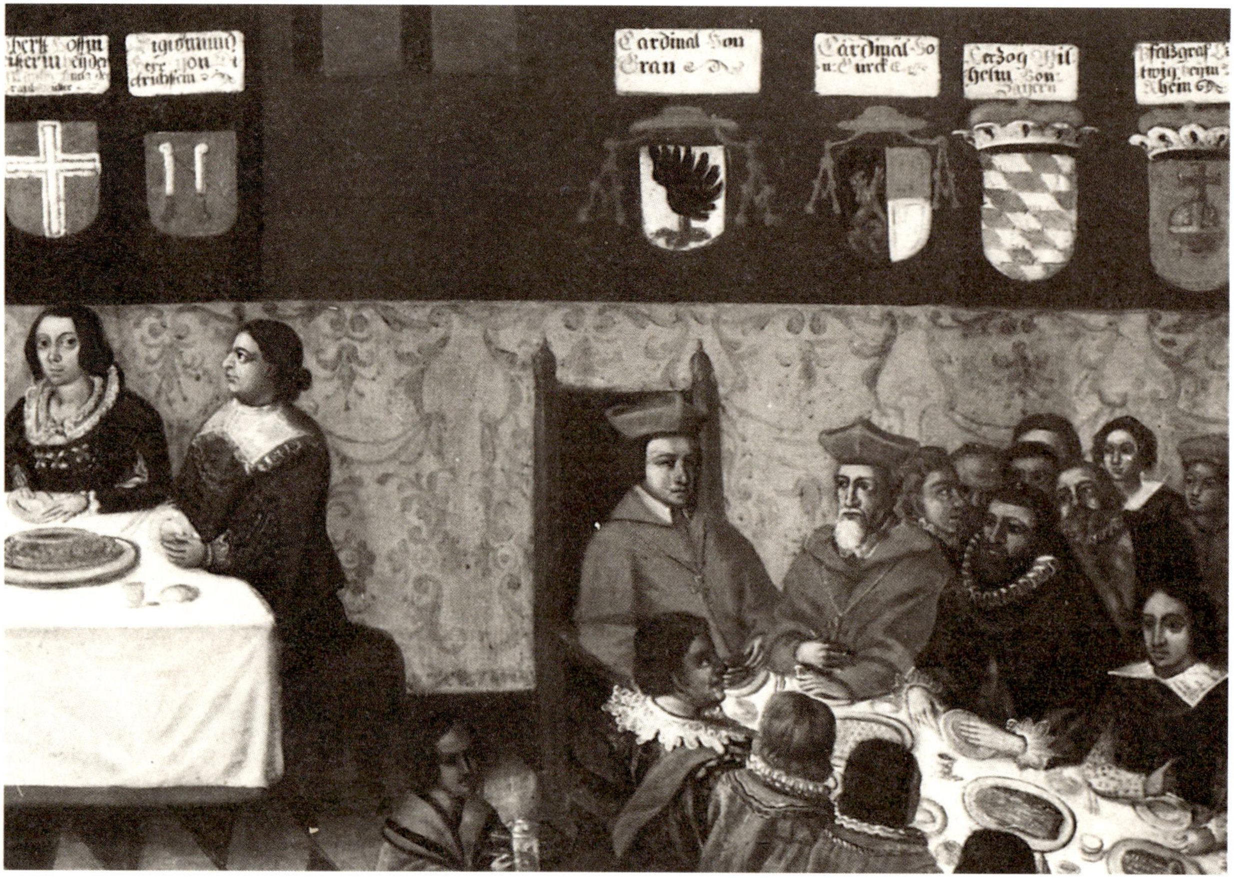

Ausschnitt vom Bild auf Seite 2, auf dem die „Gittertorte“, die unserer Linzer Torte gleicht, besser zu erkennen ist.

auf, oder der Boden wurde speckig. Daher ist es nicht von der Hand zu weisen, daß unsere Berühmtheit von der gedeckten Pastete abstammt. Die Pastetenteige waren früher mehr aus Mürbteig, während sie heute vielfach durch den Blätterteig verdrängt werden.

Wie lange man in Linz schon die Mandeltorte auf die Tafel brachte, läßt sich aus Mangel an entsprechenden Quellen nicht genau sagen. Der früheste Nachweis stammt aus dem Jahr 1619.

Um diese Zeit, genau gesagt 1616, hatte die Stadt 286 Häuser, davon 101 in der Vorstadt.[32] Hotels im heutigen Sinne gab es nicht, Gasthäuser bestanden viel zu wenige, um vor allem während der Jahrmärkte alle Marktbeschicker und Marktbesucher entsprechend unterbringen zu können. So

hatten die Linzer Bürger damals das Recht der Gasterei, das heißt, gegen Entgelt in ihren Häusern Gäste aufnehmen und bewirten zu dürfen. Was ein Großbürgerhaus dieser Zeit aus Küche und Keller zu bieten vermochte, geht aus einer Rechnung hervor, die dem „Herrn Ludwig von Kuefstein, Freiherr von Greylnstain, zu Spitz, auf Puchberg und Ottenschlag" (alles Orte in Niederösterreich) präsentiert wurde, als dieser im Juni 1619 mit 5 Dienern, 2 Kutschern und 7 Rossen auf dem Weg in die Niederlande in Linz Station machte. Rechnungsleger war der Großkaufmann und auch spätere Bürgermeister von Linz, Ludwig Hebenstreit. Kuefstein ist acht Tage lang geblieben; am 24. Juni, einem Samstag, bewirtete er offenbar Gäste im Hause Hebenstreit. Wie viele es waren, kann nicht festgestellt werden, es muß aber ganz lustig zugegangen sein, denn „4 cristalniere Glösser" landeten auf dem Scherbenhaufen. Die Speisenfolge selbst ist ein Musterbeispiel dafür, was die barocke Küche zu bieten hatte und woran man sich damals delektierte:
„Erßtlich aufgesetzt ein Schüßl mit Lemoni und Pamberantschen (Orangen) kosten 1 Gulden, Putter 6 Kreuzer, Suppen 8 kr, Copaun in Reisch gekhocht 1 fl 30kr, Indianischer Haan (Truthahn) mit Lemoni gespückt kost 3 fl 30 kr, Gapery (Kapern) Sallat 10 kr, Zitteran Dortten (Zitronentorte) 2 fl, heyß gesotten Aesch 1 fl 15 kr, Ain prattnen Hasen, cost der Zeit 1 fl, heyßgesottene Äugl 45 kr, gespickte brattene hiener 1 fl, Putter Dortten 30 kr, Heyß gesottene All Visch (Aale) 1 fl 15 kr, Haypell Sallat mit geselchten Zungen 10 kr, Khölberne Pastetten 45 kr, Heyß gesottene Ferchen (Forellen) 1 fl 30 kr, Mandl Dortten 1 fl, Haußen Pastetten 30 kr, Eingemacht Nudlen 45 kr, Romany Sallat 10 kr, Artischoken 40 kr, Khölberne Nierenpratten 40 kr, Zigorj Sallat 8 kr, Waldt Grundl 48 kr, Amerellen Dortten (Weichseln) 30 kr, Pixen Krapfen 40 kr, Krepsen Pastetten 24 kr, Junge Hiener in Sallat 20 kr, 24 Schalln mit Conföckt und Obst 8 fl, Summe 32 fl 29 kr. Benente Speisen sein alle doppelt aufgedragen worden und belaufen in Summa zusammen 64 fl 58 kr." Außerdem noch Wein und Bier unter anderem „8 1/2 Khandl Wein in die Khuchl zum Khochen 1 fl 25 kr." sowie „Für Ihro Gnaden Reitroß zum Waschen 1/2 Wein 5 kr."[33]

Die Lemoni bzw. Zitronen waren besonders teuer, so ist die „Zitterani-Torte" die teuerste der vier genannten Torten, dann folgt unsere Mandeltorte; die Putter-Torten und die Amarellen-Torten sind dagegen ja spottbillig gewesen.
Wir müssen uns diese Speisenfolge als eine Art warmes und kaltes Büfett vorstellen, von dem sich jeder nach Belieben bedienen konnte.

Die große Lust am Essen und Trinken herrschte nicht erst um diese Zeit und in dieser Gesellschaftsschichte. Schon fast hundert Jahre zuvor hatte man von Staats wegen mit kaiserlichen Ge- und Verboten versucht, der Geldverschwendung, besonders bei Hochzeitstafeln, Einhalt zu gebieten. Gäbe es die Verbote nicht, wüßten wir heute kaum, wie es damals zugegangen ist. Offenbar hat das kaiserliche Einschreiten nichts genützt, es scheint vielmehr immer ärger geworden zu sein. Kein Wunder: Die Menschen dieser Zeit hatten eine viel zu kurze Lebenserwartung. Epidemien, Kriege, Mißernten und andere Naturkatastrophen waren eine ständige Bedrohung. Auch unser Gastmahl fand bereits im Krieg statt, der Dreißigjährige Krieg war ausgebrochen. Es gab aber auch sonst genug Gründe, schließlich war man mitten in der bewegten Zeit der Gegenreformation, die Anlaß zum Trostsuchen bei Speis und Trank gab.

Als Oberösterreich an das katholische Bayern verpfändet war, erließ 1623 der damalige Statthalter, Adam Graf zu Herberstorff, an die Stadt Linz den Befehl, ihre Wirte und Gastgeber zu veranlassen, u.a. bei Zehrungen und Hochzeiten nicht solchen Aufwand zu treiben und so hohe Preise zu verlangen.[34] Wohl als Folge dieses Erlasses verfaßte die Stadtverwaltung mit 9. Februar 1624 eine Hochzeitsordnung für ihren Jurisdiktionsbereich. Da heißt es dann unter anderem: „Siebenden solle zu Abschneidung übriger Prachts- und Uncosten bei eines Bürgers oder Mitbürgers Hochzeit, mehr nicht dann nur ain einzige Mahlzeit im Wirtshaus angedingt vnd bei derselben, da es eines führnehmben Bürgers Hochzeit mehr nicht, dann 12, meistens (=höchstens) 15, vnd bei aines gemeinen (gewöhnlichen) Bürgers oder Handwerkesmann Hochzeit, mehr nicht dann 8 bis meistens 10 warme Speisen aufgesetzt, von Konfekt aber vnd dergleichen Zuckherwerch, außer Obst und Khäß bei keiner bürgerlichen Hochzeit tractiert (aufgetischt werden).“[35] Zucker und Südfrüchte waren Kostbarkeiten, die sich ärmere Schichten nicht leisten konnten und auch nicht durften.

Diese Verbote haben offenbar alle nicht geholfen. Man ließ es sich angesichts der bewegten Zeiten wenigstens bei Hochzeiten gut gehen, schließlich wollten auch die Wirte ihr Geschäft machen.

Am 30. Mai 1644 sah sich die Stadt Linz neuerlich gezwungen, eine Hochzeitsordnung[36] zu erlassen, in der nun ganz genau angeführt wurde, wieviel und was – nach Stand verschieden – bei einer Hochzeit aufgetischt werden dürfe und wieviel der Wirt verlangen könne. „Wenn ein Bräutigam nobilitiert (also geadelt), ein Ratsfreund (also in den Rat der Stadt gewählt worden war) oder dessen Sohn ist und auch ein Condition und Vermögen hat“, ist der Wirt berechtigt, 20 bis 24 Speisen zu geben und von jeder Person für Essen und Trinken, das Konfekt ausgenommen, „nach gelegenheit der Zeit“ 1 Gulden 45 Kreuzer bis 2 Gulden zu nehmen.

Von Speisen, die dem Nobilitierten oder Ratsbefreundeten zustehen, seien nur die süßen Genüsse genannt: Mandelkrapfen, Hirschen Gestiembl, Mandeltorte, Hohlhippen und Schneeballen. Bei dem „Hirschen Gestiembl“ handelt es sich um ein Schmalzgebäck in Form eines Hirschgeweihs. Auf der Pinzgauer Hochzeitstafel hat es sich bis heute gehalten. Auch für Niederösterreich und Kärnten gibt es Nachweise in der Gegenwart. Dasselbe gilt natürlich auch für die Schneeballen, die zur ländlichen Festspeise geworden sind.[37]

Für den bürgerlichen Hochzeitstisch in Linz waren nur noch das Hirschen Gestiembl und die Schneeballen erlaubt, während bei einer Handwerkerhochzeit „Zwespen“ und Schneeballen als einzig Süßes obrigkeitliche Gnade fanden.

Die Mandeltorte war also nur exklusiv für den Adel und die vermögenden Ratsbürger bei Hochzeiten erlaubt. Eine bessere Propaganda hätte man sich für diese Torte nicht ausdenken können!

Es soll noch ein Zeugnis für die Beliebtheit der Mandeltorte und ihre Häufigkeit in Linz angeführt werden.

Im Archiv der Herrschaft Oberwallsee, heute Burgruine bei Bad Mühllacken, Bezirk Eferding, hat sich auch eine Notiz über eine in Linz gekaufte Mandeltorte erhalten.[38] Da schreibt der Gastgeber Hans Dietrich Voggt „Herr Oßwald Perger, Verwalter zu Oberwallsee Solle mir Vnderschreiben, Umb nachfolgend gethanne Zöhrung, alß 15. April 1665 … für 1 Mandl Tortten bezahlt 36 kr.“

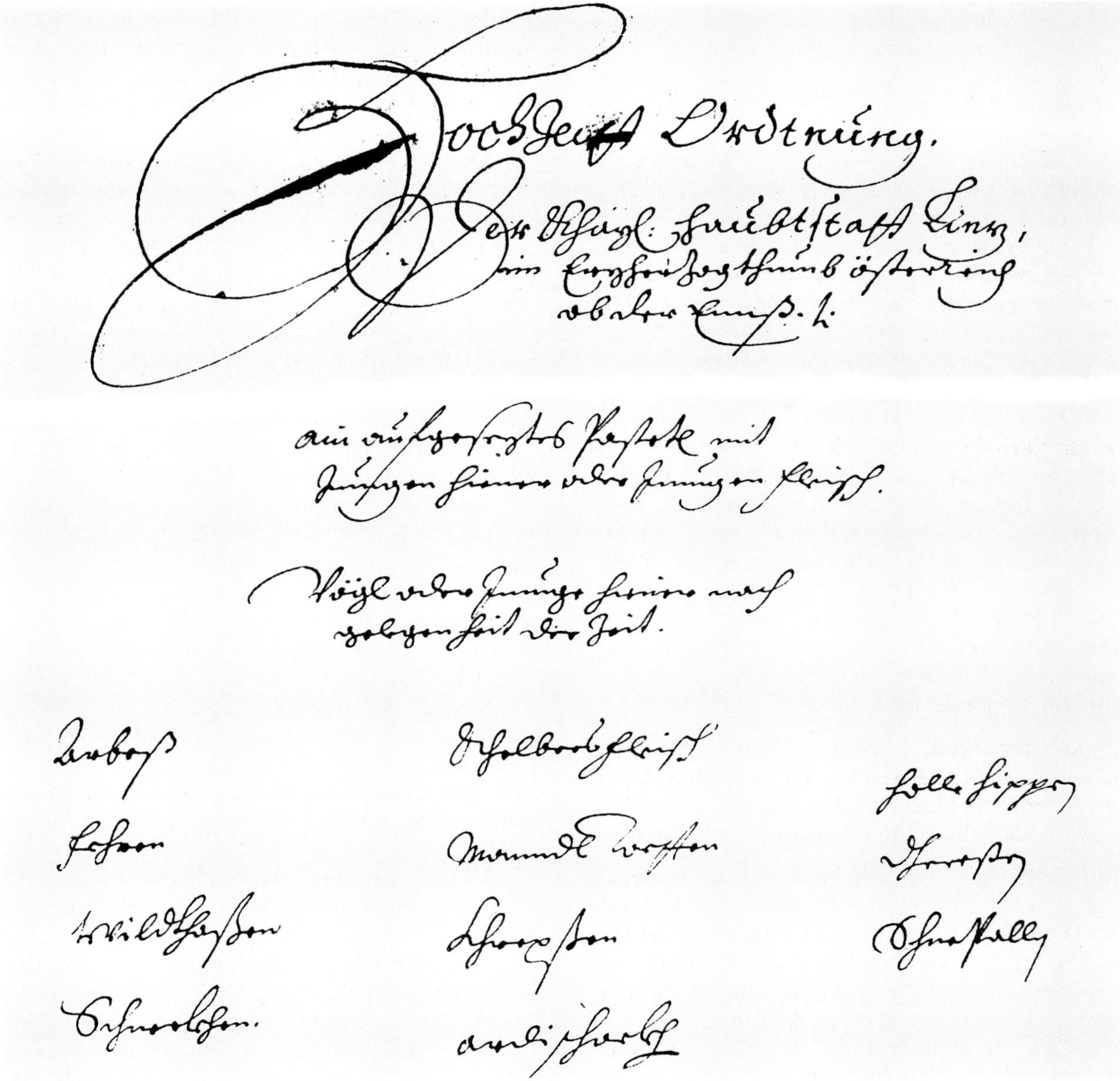

Zwei Ausschnitte aus der Linzer Hochzeitsordnung von 1644.

Nun aber beginnt die Zeit der Linzer Torte. Wir bleiben noch im 17. Jahrhundert: 1696. Der Dreißigjährige Krieg ist zu Ende, aber es gibt schon wieder Krieg – den Türkenkrieg. Wien war belagert und nach harten Abwehrkämpfen befreit worden. In dieser turbulenten Zeit ist jenes Kochbuch geschrieben worden, das die bisher älteste Backanweisung für eine Linzer Torte enthält.[39] Das Buch liegt in Wien, dürfte aber nicht dort entstanden sein. Schließlich gehen bei Übersiedlungen meist auch die Kochbücher mit. Der Schreiber oder die Schreiberin hat sich leider nicht verewigt, aber wenigstens die Zeit festgehalten, in der die Eintragungen begonnen worden sind. Es handelt sich um ein zügig geschriebenes Manuskript, wahrscheinlich eine Abschrift, entweder einer Zettelkartei – weil ein Satz bei einem Rezept zweimal hintereinander geschrieben wurde – oder eines vorhandenen älteren Buches. Es dürfte in einem adeligen Haushalt entstanden sein, denn die Rezepte verlangen kostbare Zutaten und beginnen mit Pasteten und Torten – vom Fasten hielt man offensichtlich nichts.
Für unsere Linzer Torte sei besonders hervorgehoben, daß sie gleich zweimal erwähnt wird. Im Rezept Nr. 33 (Seite 27) unter „Krepsen Dortten" kommt die Passage vor „streichs auf wie die Lintzer Dorten", obwohl diese bis dahin noch gar nicht beschrieben worden ist. Das Rezept der „Lintzer Dortten" folgt erst auf Seite 32 unter Nr. 39. Es muß also allgemein bekannt gewesen sein, wie man eine Linzer Torte bereitet. Die Backanweisung ist als erstes im Rezeptteil abgedruckt. Sie hat einen kleinen Schönheitsfehler: Der Schreiber hat zuerst die Mengenangabe der Butter vergessen und schreibt dann plötzlich: „Erstlich nim den Butter"… (Butter ist heute noch in der Mundart „männlich"!) In dem Rezept sind keine Eier verlangt. Dies ist jedoch nicht nötig, es erfordert allerdings besondere Sorgfalt bei der Zubereitung. Dieses Gleichschwerrezept ohne Ei hat bis heute überlebt. Es findet sich 1870 in dem Pesther Kochbuch der Josefine St. Hilaire,[40] ebenso in dem „Neuesten und bewährten Kochbuch für bürgerliche Haushaltungen" von Elisabeth Stöckl, Wien 1881.[41] Auch in der 52. Auflage der Prato (1913)[42] ist es enthalten: „Einfacher Linzer Teig ohne Ei", allerdings verlangt es statt der Zitronenschale Zimt und Gewürznelken. Man bäckt heute noch in einem berühmten Hotel in Dürnstein an der Donau zweierlei Linzer Torten, eine davon folgt dem ältesten Rezept.
Mit dieser Tradition von rund 300 Jahren ist die Linzerische gewiß die älteste nach einer Stadt benannte Torte, die unverändert rund drei Jahrhunderte nach demselben Rezept gebacken wird und auch heute noch schmeckt. Freilich sind inzwischen Hunderte Varianten entstanden, aber das Grundrezept ist unverändert geblieben.

Die nächstälteste Rezeptur einer Linzer Torte stammt aus Linz selbst, trägt allerdings – wie könnte es anders ein – noch nicht den Namen Linzer Torte, sondern heißt „Gar Ein guette abgerierte Dortten". Das Kochbuch gehörte der Jungfrau Hellena Haffnerin, geborne Linzerin, begonnen 1700.[43] Auf 1/2 Pfund Butter kommen 4 ganze Eier und 4 Dotter, ein halbes Pfund Staubzucker und ein halbes Pfund klein gestoßene Mandeln, von einer Zitrone die Schale „und riers woll ein Stundt" (wie im Rezept 1696) und dann kommt 1/2 Pfund Mehl dazu. „Magst auch ein Eißl drauf machen". Hier fehlt das Eingesottene und das Gitter.

Das folgende Rezept stammt nicht aus Österreich, sondern aus dem Raum um Freiburg im Breisgau, wo auch heute noch die Linzer Torte

Breisgauerin in der Küche.

Ob die hübsche Breisgauerin eine Linzer Torte bäckt?

daheim ist und sich größter Beliebtheit erfreut. Kein Wunder – gehörte dieses Gebiet doch einst den Habsburgern und war Teil von Vorderösterreich, bisweilen auch die Vorlande genannt. Es gibt immer wieder Beweise und auch Erstaunen darüber, wieso denn die Linzer Torte dort so beliebt und verbreitet sei. So schreibt ein reisender Journalist 1978:[44] „Sicheres Überbleibsel der habsburgischen Herrschaft ist aber die Linzer Torte, die z.B. im Raum Erdingen im Kaiserstuhlgebirge heute noch nur zu den hohen Festtagen gebacken wird." In dem Büchlein „Das schmeckt an Rhein und Neckar"[45] heißt es von der Linzer Torte: „In Baden bei jedem Familienfest." Michael Barczyk, der Leiter des Stadtarchivs in Bad Waldsee und Fachmann für barocke Küche schreibt: „Allerdings kann man für den ehemals schwäbisch-österreichischen Raum auch regionale Unterschiede ausmachen. Hier in Waldsee finde ich eine besonders ausgeprägte Herstellungsart vor, viel mehr Gewürze als sonst üblich. Außerdem ist diese Torte bislang die gängigste Kuchenart überhaupt gewesen, neben Gugelhopf oder Marmorkuchen."[46]
Eine bekannte Firma hat mir dagegen schon 1961 versichert: „Es trifft zu, daß im ganzen badischen Land die Linzer Torte sowohl in den Familien von altersher wie in den Bäckereien gemacht wird und sich großer Beliebtheit erfreut. Speziell zu Weihnachten, aber auch an allen sonstigen Festen wird sie in den Familien gegessen, und zwar bereitet man sie mindestens 8 Tage vorher, sie soll etwas abgelagert sein."[47] Man war dann noch so freundlich, mir sogar das Rezept zu übermitteln. Es scheint besonders gut zu sein, denn es werden zur Hälfte gehackte Haselnüsse und gehackte Mandeln verwendet. Das oben schon erwähnte Rezept aus dem Raum Freiburg – es ist die älteste Backanweisung der Linzer Torte in Deutschland und die zweitälteste überhaupt – steht im Kochbuch der Maria Anna Barxlin aus dem Jahre 1715, das im Stadtarchiv Freiburg im Breisgau liegt. Die Handschrift wurde bereits wissenschaftlich bearbeitet[48]. Die Verfasserin dieser Arbeit meint: „Für die Butter-, Ringel- und anderen Torten diente ein Knetteig als Boden, zur Muskaziener- und Kränzeltorte wurde eine Makronenmasse verwendet. Himbeeren waren gut, um solche ‚dorten zu fillen', vor allem die Linzer Torte, deren Zutaten im gleichen Mengenverhältnis wie heute verwendet wurden. Während hier die traditionellen Gewürze Zimt und Nelken fehlen, sind sie bei der Zimttorte angegeben."
Dazu ist nur zu sagen, daß Zimt und Nelken in den österreichischen Rezepten auch erst später auftauchen. Daher scheint mir die Breisgauer Rezeptversion eine Bestätigung des Zusammenhängens mit dem ältesten österreichischen Rezept von 1696. Freilich fehlt beim Breisgauer Rezept die Angabe des Mehls, dafür sind dort Eier dabei, wie bei dem Rezept der Haffnerin.

Im Oberösterreichischen Landesmuseum liegt ein handgeschriebenes Kochbuch ohne Titel.[49] Auf Blatt 11 findet sich allerdings dann der Vermerk „Allerhand neue Kochereij von Linz so beschriben den 19.Xer (Dezember) 1718; von der ämbl (wahrscheinlich die Großmutter „Ähnl"). Auf Blatt 41 steht dann „lintzertordten von der Frau Loschin" und ein Kreuzerl dabei, wie man es häufig findet als Zeichen dafür, daß es sich um etwas Gutes und Besonderes handelt. Es ist dies wieder unser Gleichschwerrezept aus Mandeln, Zucker, Butter, Mehl (je ein Pfund) und 8 Dottern sowie Zitronenschalen. „Diß alles vndereinander in Einen Merscher woll abgestossen, auf Oblat aufgestrichen, auf das tordten blatl Ein raff (Reif)

von täg (Teig) gemacht, vnd ist soofft Ein lög taig, so offt Ein lög (Lage) waß Eingemachteß Eingefilt, vnd also schen gebachen so ist eß recht."
Was nun die Weitergeberin des Linzer-Torten-Rezeptes, die Frau „Loschin" betrifft, so dürfte es sich um die Frau des Anton Josef Loßy von Loßenau gehandelt haben, deren Mann, kaiserlicher Rat und Salzamtmann, 1702 ein Freihaus in Linz besessen hat.[50] Nach der schon zitierten „Policey-Ordnung" gehörte der „Saltz-Amtmann" zur ersten Klasse.

Neues
Saltzburgisches 4436
Koch-Buch/
Für
Hochfürstliche und andere vornehme Höfe/ Clöster/
Herren-Häuser/ Hof- und Hauß-Meister/
Köch und Einkäuffer;
Wie auch
Für einschichtige/ gesund und krancke Persohnen/ nicht allein
zu Hauß/ sondern auch im Feld.
Mit mehr dann 2500. Speisen/ und 318. in schönen Kupffer-
gestochenen Formen/ aus eigener langwieriger praxi
also eingerichtet/
Daß man auch bey Hoch-Fürstl. und vornehmer Höfe Tafeln/
bey grossen Gastereyen und gemeinen Mahlzeiten die Tische
auf das Zierlichste mit annehmlichsten Abwechslungen täglich
versehen und bestellen kan/
Bestehend
Aus 4. Theilen/ in 8. Büchern eingetheilt/ bey deren
jeden ein doppelt Register mit angehänget.
Durch
Conrad Hagger/ Hoch-Fürstlich-Saltzburgischer
Stadt- und Landschafft-Koch.
Mit Röm. Kays. Maj. allergnädigstem Privilegio.
AUGSPURG/
und verlegts Johann Jacob Lotter/
1718.

Titelblatt jenes Kochbuches von 1718, in dem das Rezept der Linzer Torte zum ersten Mal gedruckt zu finden ist.

Das nächste Rezept unserer Linzer Spezialität stammt ebenfalls aus dem Jahr 1718, der Beschreiber ist aber ein Einwanderer, der „Hoch-Fürstlich Saltzburgische Stadt- und Landschafts-Koch Conrad Hagger". Das Buch heißt „Neues Saltzburgisches Koch-Buch" und ist 1718 in Augsburg erschienen. Es ist das erste gedruckte Kochbuch, in dem die Linzer Torte vorkommt – bisher waren es nur datierte Handschriften. Woher er das Rezept hat, wird sich wohl nie klären lassen. Sein Lebenslauf, den er dem Buch vorausschickt, gleicht in seiner Bewegtheit durchaus dem Leben eines Koches der Jetztzeit, der um Welterfahrung bemüht ist. Damals war die Welt freilich noch nicht so weit offen.[51] Wo er auf seinen vielen Lebensstationen die Linzer Torte „aufgegabelt" hat, wissen wir nicht. Jedenfalls fällt dieses Rezept schon aus dem Rahmen, was die Gewichtsverhältnisse anlangt. Es ist im Rezeptteil auf Seite 55f zu finden.
Daß in Salzburg tatsächlich häufig Linzer Torte gegessen wurde, läßt sich aus dem Speisenbuch von St. Peter in Salzburg aus dem Jahr 1728 nachweisen.[52] So wird für den 17. Juni 1728 notiert: „Abt zu Nacht mit 16 Gästen: Henner in Maccaroni, Spinatknödel, Brätl, Salat, Vögel, Kuchen, gesottene Hendl, Zuckererbsen, Enten, Linzertorten, Schinken, Eiergerste."
Am 12. August 1728, einem Donnerstag, hat der Abt von St. Peter mit 22 Gästen und 40 Kapuzinern auf dem Kapuzinerberg zu Mittag gespeist. Vier Linzer Torten wurden unter anderem den Gästen aufgetischt.[53]

Nun sei eines Mannes und seines Kochbuchs gedacht, die beide ein österreichisches Schicksal erlitten haben, nach dem Motto: Wo der Pfennig geschlagen ist, gilt er nicht. Jacob Heim hieß der Linzer Stadtkoch, von dem wir allerdings nicht wissen, ob er in Linz geboren wurde. Jedenfalls geht aus dem Verkündbuch der Stadtpfarre Linz hervor, daß er hier am 9. September 1721 die Witwe Eva Maria Henin geheiratet hat. Gestorben ist Heim am 15. November 1743, 61 Jahre alt. Im Linzer Bürgerbuch,[54] das aus dieser Zeit jedoch nur in einer Abschrift vorhanden ist, findet man auch eine Aufnahme als Bürger mit der Berufsbezeichnung „Koch und Kiehebacher" (Küchelbäcker) eingetragen.

In Privatbesitz hat sich eine Handschrift Heims erhalten, datiert „21 January 1721", mit dem Titel „Kochbuech worinen von allerhandt warmen und kalten Speyßen auch von allerhandt bacherey dordten pasteten zucker und obstsachen zu bröberieren und sie zu khochen auch von medicinischen speißen vor die Kranken und Kindlbetterin die selben gar nützlichen zu gebrauchen vor solchen Kunststück auf Steyrer oder idalienisch, französisch, deisch (deutsch) auch englische Manier zu zu richten, der gebrauch dieses Buchs zu seinen Nutzen aber nicht zu vill."

1724 ist von ihm in Linz ein „Nutzliches Kochbuch, oder: kurtzer Unterricht in welchem unterschiedene Speisen gut zu zubereiten." erschienen. Leider ist es nicht gelungen, ein Original-Exemplar aufzutreiben; die folgenden Angaben sind der Literatur entnommen.[55] 1736 erschien eine kleinere Ausgabe in Wien. Die 5. Auflage erhielt den Titel: „Bewehrtes Kochbuch" Wien (o.J.). Dasselbe Bamberg, Würzburg unter dem Titel „Wienerisches bewährtes Kochbuch" 1779, Hamburg 1799. Das Werk wurde nach dem Tod von Jacob Heim zunächst von Ignaz Gartler, dann von Barbara Hikmann betreut. Weitere Bearbeiter waren F.G. Zenker und Peter Neubauer (1805, 1812, 1816). Die 37. Auflage des Werkes erschien 1844. Der langen Rede kurzer Sinn: Ein Linzer Kochbuch wurde zum Wiener Kochbuch und fand als solches weite Verbreitung. Es beeinflußte also die Wiener Küche sehr stark. Die Linzer Küche und die Linzer Köchinnen hatten sehr früh schon einen ausgezeichneten Ruf.

In der allerersten Ausgabe ist offenbar die Linzer Torte noch nicht enthalten. Wahrscheinlich war sie für Heim nichts Außergewöhnliches – und hauptsächlich solche Dinge dokumentierte man ja in jener Zeit in den Kochbüchern –, sodaß er sie wahrscheinlich auf Drängen der Käufer oder des Verlegers seines Buches erst nachträglich in die weiteren Ausgaben aufgenommen hat. Jedenfalls ist die Torte bereits in der Ausgabe von 1736 zu finden und zwar schon in drei Varianten. In Wien hat der Verleger Leopold Kaliwoda Privilegien von Maria Theresia erwirkt, die ihn vor Konkurrenzdrucken bewahren sollten. Ob die Kaiserin wohl auch schon die Linzer Torten geschätzt hat? Leider gibt es darüber keine Aufzeichnungen.

Aus Windhaag bei Perg, 40 km östlich von Linz, stammt eines meiner ältesten handgeschriebenen Kochbücher. Der vordere Einband und die Titelseite fehlen leider, auf dem hinteren Einbanddeckel steht die Jahreszahl 1722, doch dürfte das Buch bzw. dürften die Rezepte älter sein, denn manche gleichen Kochanweisungen der Renaissancezeit.

Auf Seite 7 findet sich ein Rezept der „Lintzer Dorten mit Mandl". Wie bei älteren Rezepten häufig sind auch hier die Mengenangaben sehr mangelhaft: 1/2 Pfund geriebene (!) Mandeln „und woll Zugger und sießen Putter 1 Löffl mell und 2 aier dotter". Der Teig wird abgeriebelt, zwei Tortenblätter gemacht, mit Weichseln ohne Kerne gefüllt, die mit Zucker, Zimt und Semmelbröseln vermischt werden. Im oberen Blatt macht man dann ein Loch, dann drückt man mit einem Spändl (Span) Vögel oder was man will darauf,

„denn es last sich nicht leicht ausschneiden". Die Torte kommt auf eine Oblate und wird kühl gebacken. Je weniger Mehl, umso besser.
Auf das Experiment, nach dieser Backanweisung eine ordentliche Torte zuwege zu bringen, habe ich mich nicht eingelassen.

Nun geht es auf unserer Reise mit der Linzer Torte durch Österreich in eines der schönsten Gebiete, in die Wachau, und zwar nach Melk. Der einzigartige, ein Plateau über der Donau krönende Barockkomplex des Benediktinerstiftes, der Jakob Prandtauer seine Schönheit und Harmonie verdankt, läßt niemanden unbeeindruckt. In einem handgeschriebenen Kochbuch, das außen die Bemerkung „Kloster Mölk 1731" trägt,[56] finden sich gleich zwei Rezepte für die „Linzer Dortten mit Mandeln" und ein drittes „Gefälschte Mandel Dortten", das im Prinzip ebenfalls eine Linzer Torte ergibt. Hier taucht zum ersten Mal Alkohol in unserer Süßen auf; kein Wunder, die Wachau ist ein berühmtes und beliebtes Weinland. Es ist wieder ein Gleichschwerrezept und ist im Rezeptteil zu finden.

Aus dem Jahr 1743 stammt das „Koch Puech, So Zusamen Geschriben worden in Jahr Anno 1743, Der Tugendsammen Jungfrauen Regina Buchmayrin Zuegehörig." Der Name Buchmayr ist heute noch in Linz und besonders im Mühlviertel verbreitet. Zur Entstehungszeit dieses Kochbuches gab es in Linz zwei Wirtsfamilien dieses Namens, sodaß dieses Kochbuch durchaus aus Linz stammen könnte, obwohl es auch in Wien liegt.[57] Auf Blatt 103 findet man ein Novum: „Marber Linzer Teig". Zum Unterschied von den bisherigen Rezepten, die alle einen Rührteig vorschreiben, wird dieser hier auf dem Brett angewirkt und rasten gelassen. Hingegen ist das Rezept für die „Linzer Dortten" das übliche Gleichschwerrezept aus Butter, Zucker, Mandeln und Mehl; die Lemonyschöllerln und der Saft sowie die Oblate fehlen nicht.

Nun taucht der Name Haim im Lebenslauf unserer Linzer Torte noch einmal auf, vielleicht ist es auch nur Zufall. Das Archiv des Geschichtsvereins Klagenfurt im Kärntner Landesarchiv verwahrt ein Kochbuch „Mein Maria Sußänä Heimin gehörig und Geschriben worden in Jahr 1751."[58] Leider war über die Heimin in Klagenfurt nichts zu erfahren. Der Name Heim ist ja nicht gerade selten, trotzdem könnte mit unserem Linzer Jacob Heim ein Zusammenhang bestehen, vor allem deshalb, weil er in seinem handgeschriebenen Kochbuch darauf hinweist, daß er auch „steirisch" kochen könne. Heim könnte also vor seiner Linzer Heirat in der Steiermark gekocht haben, das ja Kärnten benachbart ist. Es gab auch ein Adelsgeschlecht der Heim, und dem Kochbuch aus Kärnten traue ich durchaus eine Herkunft aus Adelskreisen zu, denn in dem Buch der Heimin sind auch ausländische Backanweisungen enthalten. Da gibt es eine Hispännische Tordten, eine Polnische Tordten und unter den Nummern 333 und 346 zwei Rezepte für unsere Linzerin.
Im ersten Rezept wird Mehl und Butter „abgebreselt", ein Handvoll Mandeln, Zitronenschalen, Zimt und Zitronat und ein Handvoll Zucker kommen dazu. Wenn der Teig nicht gleich zusammengehen will, nimm „Milchräm" (Obers bzw. süßer Rahm) dazu. Der Teig wird auf das Tortenblattel gestrichen, eingefüllt, was beliebt und mit abgeschlagenen Eiern bestrichen. Neu an diesem Rezept ist das Zitronat und vor allem die alte Mengenangabe „Handvoll".

Zur Abwechslung wollen wir auch einen Blick in die grüne Steiermark werfen. In einem Kochbuch aus Oberwölz aus dem Jahre 1757 sind auch bereits drei verschiedene Arten der Linzer Torte enthalten.[59] Das handgeschriebene Kochbuch der Maria Theresia Knauerin in Leoben 1780 bringt ebenfalls zwei Rezepte einer aufgestrichenen „Linzer turdten". Auch das Kochbuch der Leobnerin Theresia Edlen von Eggenwalt umfaßt drei Rezepte, davon eines, das dem ältesten gleicht, das allerdings auf 1 Pfund aller Zutaten 4 ganze Eier und 3 Dotter fordert.[60]

Langsam wird es Zeit, uns auch wieder einmal außerhalb unserer Grenzen umzusehen. Seit Jahren verbindet die Städte Linz und Ulm ein besonderes Freundschaftsband und seit altersher die Donau, auf der nun schon wieder seit Jahrzehnten alljährlich eine „Ulmer Schachtel" (so nannte man früher ein Ruderboot besonderer Bauart) gegen Wien fährt und in Linz Station macht. So wie einst ein reger Handelsverkehr die Donau auf- und abwärts herrschte, fanden auch so manche Kostbarkeiten und Rezepte ihren Weg auf dem Wasser. Im Kochbuch der Susanna Stephanin, Ulm 1763,[61] ist unsere süße Linzerin natürlich auch vertreten, wieder mit einem Gleichschwerrezept, also das echte, allerdings mit 3 Eidottern, umgerechnet auf je 28 dag Butter, Zucker, Mandeln und Mehl …„Nimb eine Fülle von eingemachten Früchten was man nehmen will, doch darf sie nicht zu feucht sein… nimm einen blechernen Rist oder von Papier darum, beschmiere solchen auswendig mit einem schlechten Teig, daß die Füll und der Teig nicht abrinnt…" (In Wiener Kochbüchern wird des öfteren empfohlen, Brotteig für den Rand zu nehmen.)

Aus Ulm stammt auch ein „Koch-, Back- und Konfitürenlexikon" aus 1786, in dem ebenfalls die Linzer Torte im Gleichschwerrezept vorkommt. Die Mandeln stößt man mit einer „Theetasse Rheinwein" – also das Gegenstück zum Rezept aus dem Stift Melk, was die Weinzugabe betrifft. „Etwas Seltenes", so schreibt Frau Beck,[62] „es ist eine Subskriptionsliste dabei, sodaß man weiß, wer sich dafür interessierte. Die ganze Donau hinunter bis Wien, dann Kärnten, vor allem Laibach, die Schweiz, Vorarlberg, im Norden bis Frankfurt und Nürnberg: Kloster- und Herrschaftsköche, Adel, Bürgerschaft." Mit diesem Buch wurde die Linzer Torte in die genannten Länder gebracht.

Im Kochbuch der Jungfer Anna Maria Kindervatterin, das ebenfalls in Ulm um 1800 entstanden ist, findet sich auch der süße Gruß aus Linz.[63]

Ich will es den Leserinnen und Lesern ersparen, sie mit noch mehr Beweisen der frühen Verbreitung der Linzer Torte zu überhäufen. Wir sind an der Wende vom 18. zum 19. Jahrhundert angelangt, und da ist die Verbreitung der Linzer Torte beinahe unüberschaubar geworden, es muß eine wahre Manie gewesen sein, sie zu bereiten. Jede Köchin setzte ihren Ehrgeiz daran, ein möglichst gutes und von den anderen sich abhebendes Produkt auf die Tafel zu bringen, wenngleich man da bisweilen des Guten zuviel getan hat. Mit ein Grund für die Verbreitung der Torte war die Erfindung des Rübenzuckers, der Zucker billiger werden ließ, sodaß die Torte weiteren Bevölkerungsschichten erreichbar wurde.

Um die Jahrhundertwende setzte auch in Linz ein Kochbuch-Rummel ein. 1798 ist in Linz ein „Neues und bewährtes Kochbuch … von mehreren geschickten und berühmten Köchinnen" erschienen.[64] 1804 brachte die Maria Elisabetha Niederederin[65] „Das neue große geprüfte und

bewährte Linzer Kochbuch" im Verlag der „k.k. privilegierten akademischen Kunst-Musik- und Buchhandlung" heraus. Es enthält 1386 Kochregeln und richtet sich nicht nach einem bestimmten Stand, wie dies vor allem bei Wiener Kochbüchern häufig der Fall ist, wo die herrschaftliche Küche, die gutbürgerliche Küche oder die Vorstadtköchin angesprochen werden.
Die Verfasserin war Köchin im Hause des Stiftes Kremsmünster in Linz, wo man gewiß eine gepflegte Küche zu schätzen wußte. Die Rezepte unserer Torte halten sich in den Überschriften an das Kochbuch des Jacob Heim, doch wird die Niederederin zum Beispiel bei der Fülle konkreter und verlangt bei einem Rezept Ribiseln, beim zweiten eingemachte Nüsse – das sind um Johanni gepflückte grüne Nüsse –,während sie sich beim dritten Rezept in dieser Hinsicht nicht festlegt, dafür den übrigen Teig durch einen Brandstrauben-Model schön zierlich darüberspritzt. Bei dem vierten Rezept mit Zimt nimmt sie Ribiseln oder Weinbeeren und macht aus dem übrigen Teig ein Gitter oder Kränzel darüber.

Das Kochbuch der Niederederin, die bald nach dem Erscheinen ihres Buches einen Landesbeamten ehelichte und nun Meixner hieß, wurde ein großer Erfolg, den die Autorin allerdings nur bis zur vierten Auflage 1818 genießen konnte, denn sie starb bereits 1822. Als 25. Jubiläumsausgabe ist das Buch 1917 unter dem Titel „Wiener Küche" erschienen. Nach dem Kochbuch des Jacob Heim mußte auch dieses Linzer Kochbuch eine Annexion durch Wien hinnehmen.

1821 ist das „Praktische Urfahr Linzer Kochbuch"[66] der Franziska Probstin erschienen, das ebenfalls mehrere Auflagen erlebte und so auch zur Weiterverbreitung der Linzer Torte beigetragen hat.

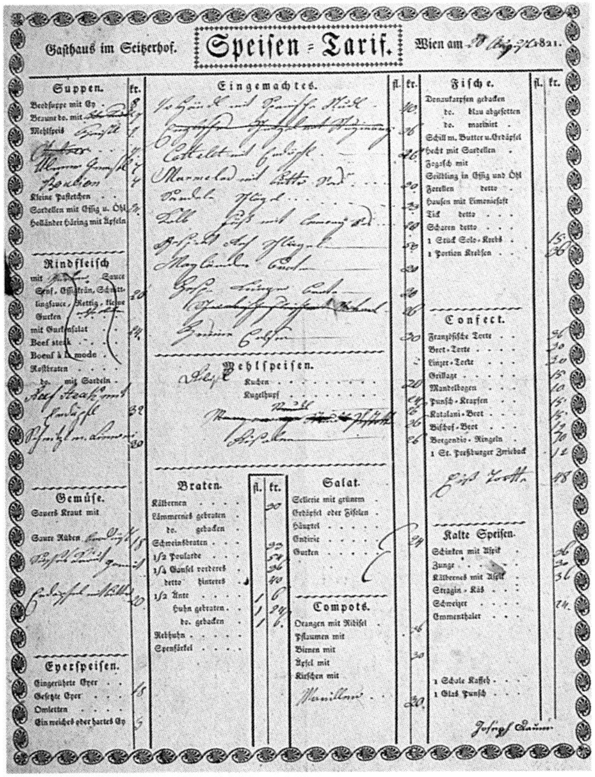
Gasthaus im Seitzerhof. Speisen-Tarif. Wien am ...1821.

Suppen. fr.
Beedsuppe mit Ey
Braune do. mit
Mehlspeis
Kleine Pastetchen
Sardellen mit Essig u. Öhl
Holländer Häring mit Äpfeln

Rindfleisch
mit ... Sauce
Senf, Essigkrän, Schnittlingsauce, Rettig, kleine Gurken
mit Gurkensalat
Beef steak
Boeuf à la mode
Rostbraten
do. mit Sardeln

Gemüse.
Sauers Kraut mit
Saure Rüben

Eyerspeisen.
Eingerührte Eyer
Gesetzte Eyer
Omletten
Ein weiches oder hartes Ey

Eingemachtes. fl. kr.

Mehlspeisen.
Kuchen
Kugelhupf

Braten. fl. kr.
Kälbernen
Lämmernes gebraten
do. gebacken
Schweinsbraten
1/2 Poularde
1/4 Gansel vorderes
detto hinteres
1/2 Ante
Huhn gebraten
do. gebacken
Rebhuhn
Spenfärkel

Salat.
Sellerie mit grünem
Erdäpfel oder Fisolen
Häuptel
Endivie
Gurken

Compots.
Orangen mit Ribisel
Pflaumen mit
Birnen mit
Äpfel mit
Kirschen mit

Fische. fl. kr.
Donaukarpfen gebacken
do. blau abgesotten
do. marinirt
Schill m. Butter u. Erdäpfel
Hecht mit Sardellen
Fogasch mit
Sailbling in Essig und Öhl
Forellen detto
Hausen mit Limoniesaft
Tick detto
Schaiden detto
1 Stück Solo-Krebs
1 Portion Krebsen

Confect.
Französische Torte
Brot-Torte
Linzer-Torte
Grillage
Mandelbogen
Punsch-Krapfen
Katalani-Brot
Bischof-Brot
Bergendio-Ringeln
1 St. Preßburger Zwieback

Kalte Speisen.
Schinken mit Aspik
Zunge
Kälbernes mit Aspik
Stragin-Käs
Schweizer
Emmenthaler

1 Schale Kaffeh
1 Glas Punsch

Wiener Speisenkarte von 1821: Eine von vielen Karten dieser Zeit, auf denen die Linzer Torte zu finden ist.

Kurz nach der Wende vom 18. zum 19. Jahrhundert muß in Wien eine Linzer-Torten-Mode ausgebrochen sein. In einem handgeschriebenen Kochbuch aus dem frühen Vormärz finden sich innerhalb von 95 Seiten nicht weniger als fünf Backanweisungen für unsere süße Linzerin.[67] Sie war auch auf den Speisekarten der Wiener Gaststätten, die auf sich hielten, zu finden.
Einen besonderen Lobsänger hat die Torte in F.G.Zenker, dem „geprüften Chemiker und pen-

Speisen- und Getränke-Tarif

Preise in Conventions-Münze.

Suppen.

Brodsuppe mit Ei
Braune mit
Ragout

Assietten.

2 Stück Sardinen
Sardellen in Essig und Öhl
1/2 Holländer-Häring detto
Sardellen-Butter
Caviar mit Citronen

Rindfleisch

mit ... Sauce
" Essigkrän
" rothen Rüben
" kleinen Gurken
" französischem Senf
" Kremser Senf
" kalter Schnittlauch-Sauce
" Gurkensalat
" Erdäpfel-Salat

Gemüse.

Sauer-Kraut mit
Kohl mit
Spinath mit

Eierspeisen.

Gesetzte Eier
Gerührte Eier
detto mit Sardellen
1 hartes oder weiches Ei

Eingemachtes.

Kälbernes mit Champignons
1/2 Huhn mit
Beef-stake mit
Gespickten Lungenbraten mit

Mehlspeisen.

Omelette aux confutures
detto naturel
Chadeau mit Bisquit
Schinkenfleckerl
Gugelhupf
Kaiserschmarn

Braten.

Kälbernes vom Nieren
detto Schlägel
detto Brust
Schnitzel mit Limonie
detto Natur
Jungschweinernes
detto Karbonaden
Lämmernes gebacken
detto gebraten
1 Huhn gebraten
1 detto gebacken
1 Poulard
1 Ente
1 Gans
1/4 Gansel vorderes
1/4 detto hinteres
1 Kapaun
Rostbraten mit Zwiebel
detto mit Sardellen
detto mit Erdäpfel
detto gebacken

Salat.

Endivien
Häuptel
Grünen mit Sellerie
Gekrausten
Erdäpfel
Gurken

Wildpret.

Rehrücken
detto Schlägel
Hasenrücken
detto Lauf
1 Repphuhn
Kleine Vögerl

Fische.

Donaukarpfen gebacken
detto heiß abgesotten
detto marinirt
Forelle mit Aspique
4 Stück Krebse

Compotes.

Orangen
Äpfel
Birn
Pflaumen
Kirschen
Marillen
Gemischtes

Kalte Speisn.

Schinken
Zunge
Kälbernes
Veroneser-Salami

Käse.

Emmenthaler-Käs
Gorgonzolo
Groyer-Käs

Confecte.

Brod-Torte
Linzer-Torte
Französische Torte
1 Mandelbogen
1 Preßburger-Zwieback
1 Pariserstangel
Speisinger-Zwieback
Kleine Bäckerei

Gefrorne.

Warme Getränke.

	kr.
1 Portion Kaffeh	12
1 detto Schwarzen	8
1 detto Melange	8
1 Schale Weinsuppe	12
1 Glas Punsch	24
detto mit Eier	30
Barbaroise	18

Kalte Getränke.

Limonade
Limonade mousseux
Ananas mousseux
Himber mousseux
Erdbeer mousseux

Brottorte, Linzer Torte und Französische Torte waren offenbar die beliebtesten Torten im Wien der Biedermeierzeit.

sionierten Küchenmeister Seiner Durchlaucht des Fürsten zu Schwarzenberg, Herzogs zu Krumau usw…" gefunden. In seiner „Vollständigen theoretisch-praktischen Anleitung zur feinen Kochkunst für herrschaftliche und bürgerliche Tafeln", Wien 1843,[68] schreibt er: „Die Franzosen haben keine Linzer-Torte, und wir haben keine Gâteau à la Madelaine, allein die Compositionen dieser zwei Kuchen kommen so überein, daß man kein Bedenken tragen darf, eines für das andere zu nehmen; in so weit es wahr ist, daß die Sache erst den Namen geben muß.

Sehr allgemein ist dieß liebliche Backwerk bekannt, eben so allgemein geliebt und geschätzt; hätten die Linzer nur noch zwei Gerichte, die ihren Namen trügen und so allgemein goutirt würden, so müßte man eine hohe Meinung von ihrem feinen Gaumen und ihrer seltenen Combinations-Gabe hegen.

Sonderbar genug, daß man auch dieß Backwerk von den Honneur-Tafeln ausschließt; vielleicht weil es mehr schmakhaft als ansehnlich ist, und eben so lieblich in anderer Form als einer Torte erscheinen kann. In diesem einzigen Fall haben die Gâteaux den Vorzug; denn diese erscheinen in verschiedenen kleinen sehr zierlichen Formen,

Der
Zuckerbäcker
für
Frauen mittlerer Stände.
Anweisung
zur leichten und wenig kostspieligen Bereitung der auserlesensten Confitüren, Kunstgebäcke, Getränke, Gefrornen ꝛc. ꝛc.
Von
F. G. Zenker,
geprüftem Chemiker und erstem Mundkoch Sr. Durchlaucht des regierenden Herrn Fürsten Jos. v. Schwarzenberg, Herzog zu Krumau ꝛc. ꝛc. ꝛc.

Zweyte Auflage.
Wien, 1834.
Verlag der C. Haas'schen Buchhandlung.

F. G. Zenker, einer der fachkundigen Lobpreiser der Linzer Torte, präsentiert sie auch auf dem Titelblatt seines Buches.

und lassen sich zu schönen Gerichten aufdressiren. Dieß soll uns indessen nicht hindern, das echt nationale Backwerk nach dem ursprünglichen Geschmack und Form aufzuzeichnen."
Die Behauptung Zenkers, daß die Linzerin von den Honneurtafeln ausgeschlossen werde, sollte man anzweifeln. Freilich setzen die Beweise für das Gegenteil erst etwas später ein, trotzdem scheint es sehr wahrscheinlich zu sein, daß der im Volk sehr beliebte und um die österreichische Kultur so verdiente Erzherzog Johann schon Linzer Torten serviert bekommen hat.

Vom ehemaligen Mundkoch und gewesenen Haushofmeister Erzherzog Johanns, Franz Zelena, gibt es ein „Allgemeines österreichisches oder neuestes Wiener Kochbuch in jeder Haushaltung brauchbar, oder die Kochkunst für herrschaftliche und bürgerliche Tafeln", Wien 1831.[69] Es ist dies die zweite Auflage – die erste stand mir leider nicht zur Verfügung – die sechserlei Anweisungen für Backwerk aus Linzer Teig gibt. Beim ersten Rezept für die Linzer Torte (Gâteau à la Madelaine) bemerkt er einleitend: „Die Zusammensetzung dieser Torte besteht aus mürbem, mit Butter, Eyern, Mehl und Zucker versetztem Teige, der nicht selten auch mit geschälten, fein gestoßenen Mandeln, oder geriebener Chiocolade, oder mit Limonien, Pomeranzen oder Gewürzgeruch vermischt wird, und unter dem allgemein so genannten und geschätzten Linzerteig bekannt ist. Seinen Werth behauptet er mehr seines Geschmackes, als seines Aussehens wegen."

Aus den Aufzeichnungen des Wiener Hofkochs Ludwig Troszt,[70] die wiederum eine spätere Abschrift sein müssen, hat sich eine lange Liste mit Linzer Rezepten erhalten, aus der eindeutig

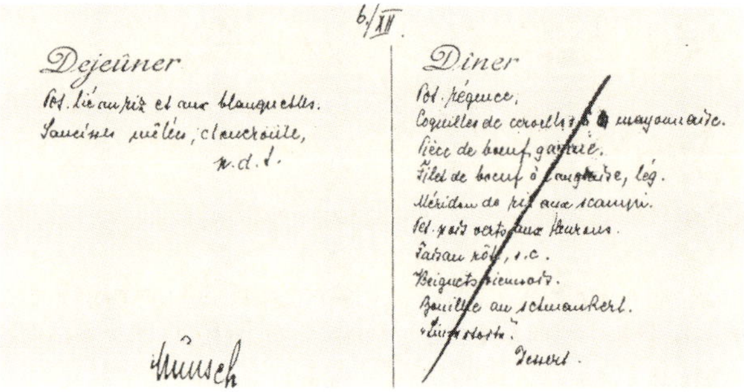
6/XII

Dejeûner

Pot. lié au riz et aux blanquettes.
Saucisses mêlées, choucroute,
r. d. t.

Wunsch

Diner

Pot. péguce.
Coquilles de cervelles à mayonnaise.
Pièce de boeuf garnie.
Filet de boeuf à l'anglaise, lég.
Méridon de riz aux scampi.
Pot. pois verts aux fleurons.
Faisan rôti, s. c.
Beignets piemonts.
Bouillie au schmankerl.
Linzertorte.
Dessert.

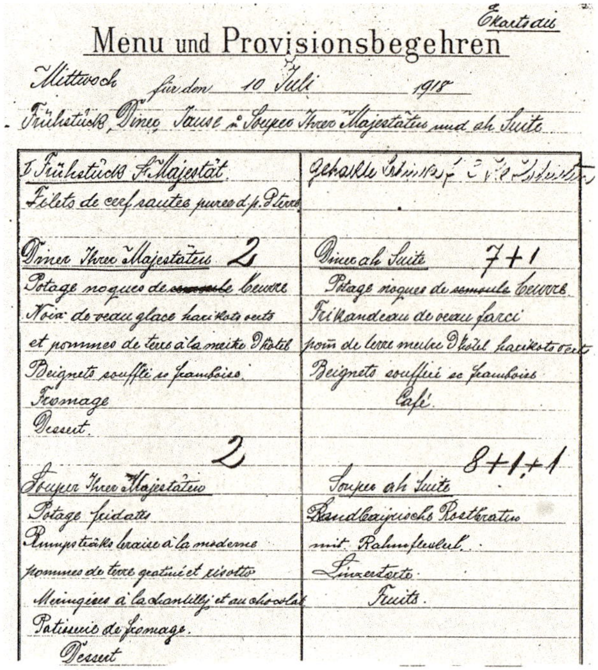
Eckartsau

Menu und Provisionsbegehren

Mittwoch für den 10 Juli 1918

Frühstück, Diner, Jause u. Souper Ihrer Majestäten und ah Suite

1 Frühstück S. Majestät	Gebackte ...
Filets de cerf sautes puree d. p. terre	
Diner Ihrer Majestäten 2	Diner ah Suite 7+1
Potage noques de ~~semoule~~ beurre	Potage noques de semoule beurre
Noix de veau glace haricots verts	Frikandeau de veau farci
et pommes de terre à la maître d'hôtel	pom. de terre maître d'hôtel haricots verts
Beignets soufflé aux framboises	Beignets soufflé aux framboises
Fromage	Café
Dessert.	
2	8+1+1
Souper Ihrer Majestäten	Souper ah Suite
Potage fridatten	Rundbayrische Rostbraten
Rumpsteaks braisé à la moderne	mit Rahmfisolen.
pommes de terre gratiné et risotto	Linzertorte.
Meringues à la Chantilly et au chocolat	Fruits.
Patisserie de fromage.	
Dessert	

hervorgeht, daß Kaiserin Elisabeth persönlich sie sammeln ließ und vor allem auch, woher sie stammen. Es ist ja bekannt, daß die Kaiserin außergewöhnlich auf ihre schlanke Linie bedacht war, aber Süßigkeiten über alles liebte. (Diese Liste ist im Rezeptteil, Seite 62 ff, wiedergegeben). Vielleicht hat Kaiserin Elisabeth das sechs Jahre vor ihrem Tod, nämlich 1892 erschienene Buch über „Die Klosterküche von Wörishofen mit einer Vorrede Sr. Hochwürden Herrn Pfarrers Kneipp“ in die Hände bekommen und sich darüber gefreut, daß auch in diesem Buch zwei Rezepte für die Linzer Torte enthalten sind. Bei dem ersten Rezept ist sogar noch besonders vermerkt: „Diese Torte ist sehr gut.“[71]

Noch nach ihrem Tod scheint die Torte auch Kaiser Franz Joseph serviert worden zu sein. Es hat sich ein Tages-Speiseplan, vermutlich aus 1915, erhalten, nach dem die Linzer Torte das Diner beschließen sollte. Auch in Eckartsau, wo sein Nachfolger Kaiser Karl I. residierte, stand im Juli 1918 die Linzer Torte auf dem Menüplan.

Den 1. Weltkrieg hat unsere Torte, der Not angepaßt, überstanden: Es gibt Kriegs-Linzer-Torten, die anstelle von Mandeln oder Walnüssen geröstete Haferflocken einverleibt bekamen. Als diese knapp waren, mußten sogar Bucheckern[72] herhalten. Allmählich hat sich die gute Linzerin vom Ersten und den Folgen des Zweiten Weltkriegs erholt, und nun kommen als Auswirkung der Gesundheitswelle kriegszeitenähnliche Rezepte unter die Leute, die Vollwert-Linzer-Torte ist ausgebrochen, die aber je nach Backanweisung sehr gut munden kann.

Wenn man jedoch den Zeichen am Horizont glauben darf, haben einige Haubenköche die Nase voll von der „Nouvelle Cuisine“ und wenden sich mit ihrer Kunst wieder dem Althergebrachten, der guten Hausmannskost zu, wenn auch in etwas leichterer Form: Die Linzer Torte wird auch diese Welle überleben, sie ist einfach zu gut und zu wandlungsfähig.

Wo und wie man der Linzer Torte noch begegnet

Im folgenden seien einige kleine Geschichtchen erzählt, in denen die Linzer Torte vorkommt:

„Fürst Hermann von Pückler-Muskau" lautet der volle, heute noch bekannte Name eines kunstsinnigen Mannes. Zum einen ist er Freunden schöner Gärten und Parks ein Begriff für seine Parkanlage in Muskau, zum anderen wissen auch Gourmets mit diesem Namen etwas anzufangen, ist doch nach ihm eine Eis-Kreation benannt worden. Dieser Fürst Pückler hat auch Tagebücher[73] geschrieben, wie es zu seinen Lebzeiten Ehrensache war. Aus so einem Tagebuch erfahren wir auch von seinem Besuch in Linz am 16. September 1809: „Ich blieb die Nacht und den folgenden Tag in Linz, weil ich gehört hatte, daß diese Stadt ihrer Torten und schönen Mädchen wegen berühmt sei. Die Torten mögen ihren Ruf allenfalls verdienen, die Mädchen, soviel ich davon urtheilen kann, nicht."
Über Geschmack läßt sich eben streiten!

Besonders die Reiseschriftsteller der Biedermeierzeit wissen allerhand Artiges über Linz zu berichten. So schrieb (Ernst) August (Friedrich) Klingemann aus Braunschweig im Jahre 1823: „Bei einem Spaziergange durch die Stadt besuchten wir die Promenade, um hier nebenbei die Linzer Schönen ins Auge zu fassen. Bekanntlich aber sind die Linzer Mädchen, die Linzer Hauben (gemeint sind die Goldhauben) und die Linzer Torten sehr berühmte Artikel in Österreich, welche selbst in der Kaiserstadt goutiert und gesucht werden."[74]

Alt-Wiener Glückwunschkarte, geschlossen.

Um 1830 schuf der Wiener Kupferstecher Adamek entzückende Glückwunschkarten zum Aufklappen. Auf der geschlossenen Vorderseite prangt auf einem mit Spitzen und Stickereien verzierten Tischtuch eine Linzer Torte, darüber, je nach Ausgabe der Karte, folgende Inschrift: „Die Linzertorte und was drin, reich ich nun zum Neujahre (zum Geburtstag) hin." Klappte man einen beweglichen Teil nach vorne, erschien eine hübsche Linzerin.

Die größte Lobeshymne zollte der deutsche Dramatiker Ernst von Wildenbruch (1845–1909) jener Kochkünstlerin, die ihm eine Linzer Torte serviert hat:[75]

Könnt ich danken, wie ich sollte,
Könnt ich danken, wie ich wollte,
Müßt ich an den Himmel greifen,
Alle Sterne niederstreifen
Und sie dir zu Füßen legen,
Deiner Linzer Torte wegen …
Doch ich schweige,
Und ich neige
Meine Stirne und erröte.
Wär' ein Dichter ich wie Goethe
Könnt in Schillerschen Ekstasen
Ich durch Welt und Himmel rasen,
Dennoch würd' ich gar nichts sagen.
Würde schweigend in mir tragen
Die Empfindung der Verpflichtung –
Was ist Kunst, und was ist Dichtung.
Was sind aller Dichter Worte
Gegen eine Linzer Torte.

Einem Nestbeschmutzer begegnen wir mit Hermann Bahr. Der sehr streitbare, in Linz geborene Barde machte im Laufe seines Lebens so manche Wandlung durch und änderte auch seine politischen Präferenzen. In sehr jungen Jahren ein glühender Verfechter der Sozialdemokratie verfaßte er 1886 eine Schrift „Die Einsichtslosigkeit des Herrn Schäffle. Drei Briefe an einen Volksmann als Antwort auf Die Aussichtslosigkeit der Sozialdemokratie".[76] Dort heißt es: „Als ich noch ein kleiner Junge war und in Linz hauste, der tortenberühmten Donaustadt mit dem nebelfeuchten Thale und den gedankendürren Philistern, wo die Mädchen so sauer sind wie der landesübliche Most…"
Ich wage diese Schmähungen getrost wiederzugeben, denn wer Linz, seine Bewohner, einschließlich Mädchen und Most, kennt, weiß, daß mit Ausnahme der Tortenberühmtheit alles böse Verleumdung ist.

„Städte, die ich nie erreichte" ist eine der Satiren von Alfred Polgar[77] betitelt, in der auch Linz vorkommt. „Von Linz kenne ich nur den Bahnhof und die Linzer Torte, die aber eigentlich nicht mehr zu Linz gehört, seit ein gelehrter Kuchenhistoriker festgestellt hat, daß die Torte nicht nach der Stadt, sondern nach ihrem Erfinder, einem Wiener Bäcker namens Linzer, so heißt, wie sie heißt."

Auch im Hause Sigmund Freuds, in seinem Londoner Exil, gab es „Linzer Nußtorte", so erzählt Detlef Berthelsen in seinem Buch „Alltag bei Familie Freud".[78] Da wir auch wissen, daß im Hause Freud nach dem „Kochbuch der Deutschen Kochschule in Prag"[79] gekocht wurde, und darin mehrere Linzer-Torten-Rezepte enthalten sind, wird die Aussage Berthelsens noch unterstrichen.

Weil die Linzer Törtchen, Torteletten und Linzer Schnitten ja nur eine verkleinerte oder abgewandelte Form der Linzer Torte sind, sei hier noch ein sehr ernsthaftes Zeugnis angeführt: In dem Buch „Blätter in den Wind“ von Annette Kolb (1870 – 1967) findet man in dem Kapitel „Klosterleben“ folgende Passage: „Zu den jüngsten Zöglingen zählte die recht unschöne Tochter einer Witwe, deren bescheidener Zuckerbäckerladen in demselben Tiroler Städtchen lag, dem auch unser Kloster angehörte. Wenn nun diese Oberin das Wort an die Kleine richtete, konnte sie es fast nie lassen, etwas von Linzertörtchen einzuflechten …“[80] Ob die Törtchen am Ende die Lieblingsmehlspeise der Frau Oberin waren und die Äußerungen ein unverstandener Wink mit dem Zaunpfahl?

Als „Linzer Torte“ wird nicht nur das „Linzer Programm“ der Sozialdemokratischen Partei von 1926 karikiert,[81] auch Ephraim Kishon hat eine Satire mit diesem Titel geschrieben. Auslösendes Moment war ein unerfahrener Reporter, der ihn in Linz etwas ungeschickt interviewt hatte.[82]

Eine liebenswürdige Erwähnung findet die Linzer Torte in dem Buch von Hans Traxler „Leute von Gestern“, in dem auch der Canossagang Heinrich IV. behandelt wird:[83]

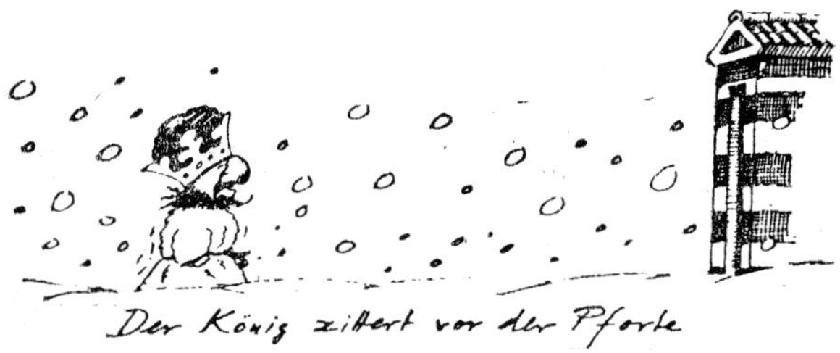

Der König zittert vor der Pforte
Der Papst ißt ein Stück Linzer Torte.

Die Legende von Konrad Vogels Erfindung der Linzer Torte hatte weitere Erfindungen zur Folge. So wurde auch eine Operette mit dem Titel „Linzer Torte“ in die Welt gesetzt,[84] in der u.a. neben

einer Liebesgeschichte auch diese Erfindungslegende behandelt wird. Dieses leichtgeschürzte Unterhaltungswerk hatte gleich vier Köche zu Vätern, doch viele Köche „verschmalzen" mitunter den Brei.
1984 feierte die Firma des damaligen Landesinnungsmeisters der Konditoren ihr Firmenjubiläum zum 55jährigen Bestehen und zugleich „Drei Jahrhunderte Linzer Torte". Es wurde ein Sonderpostamt eingerichtet und die offiziellen Marken mit einem Sonderstempel versehen. Das Anstellen um den Stempel wurde den Hunderten Linzern mit einer Kostprobe der Linzer Torte versüßt. [85]

Anläßlich der Feier „Drei Jahrhunderte Linzer Torte" gab es auch ein Preisausschreiben, mit dem man ein werbewirksames Gedicht für die Linzer Torte suchte. Peter Ratzenböck[86] machte sich den Spaß, Gedichte zu fabrizieren, in denen die Linzer Torte vorkommt und zwar in der Art, wie sie berühmte Dichter geschrieben hätten. Zwei Kostproben seien hier wiedergegeben – zunächst à la Christian Morgenstern:

Korf, der oft verbohrte
sich in rätselhafte Worte,
geizig war und immer schnorrte,
ertappte sich, daß er nur horte
seine Taler Münz für Münz
zwecks Erwerbes einer Torte
aus dem ihm unbekannten Linz.

Die beiden letzten Zeilen à la Wilhelm Busch lauten sehr zeitgemäß und „kummerspeckig":

Es ist ein Brauch an vielen Orten,
wer Sorgen hat, schmaust Linzer Torten.

Die Linzer Konditoren wetteifern schon seit Jahren, ihre Kunst im großen zu zeigen. Mehrere Male gab es Riesen-Linzer-Torten, und auch eine Eintragung im Guinness-Buch der Rekorde konnte nicht ausbleiben.

Unsere Torte wird auch in dem Artikel eines Fachmannes vom Deutschen Patentamt[87] erwähnt, der „Freizeichen, Warennamen und bekannte Bildmotive für Süßwaren" behandelt. Beim Studium dieses Beitrages beginnt man ganz leise zu ahnen, mit welchen Spitzfindigkeiten bzw. unklar gefaßten Gesetzen sich so ein Amt herumschlagen muß. „Um Warennamen und nicht um Freizeichen dürfte es sich handeln bei den Bezeichnungen ...‚Linzer Torte', ‚Prinzregenten-Torte' und die nach dem Erfinder benannte ‚Sachertorte' für Torten, ... und ‚Fürst Pückler' für Speiseeis ... und der Sinn eines Warenzeichens ist es ja nach Paragraph 1 des Warenzeichengesetzes, die Waren eines Unternehmens von den Waren eines anderen zu unterscheiden."
Wie froh können wir sein, daß dieses Gesetz nur für Deutschland gilt und nicht für Österreich. Wie wollte man die vielerlei Linzer Torten gesetzlich regeln? Das darf doch nur der Geschmackssinn.
Auch in Österreich ist die Linzer Torte amtsbekannt. In einem Bundesgesetzblatt von 1972 unter der Nummer 348 „Zusatzprotokoll zum österreichisch-italienischen Abkommen über geographische Herkunftsbezeichnungen und Benennungen bestimmter Erzeugnisse samt Anhängen" finden sich auf Seite 2204 unter den österreichischen Spezialitäten unter anderem die Linzer Schnitten und die Linzer Torte.

Eine Linzer Designfirma[88] hat eine Uhr entworfen, deren Kunststoff-Ziffernblatt eine Linzer Torte imitiert. In einem Radiointerview meinte einer der Gesellschafter sinngemäß, man wolle auch dem Kitsch zu seinem Lebensrecht verhelfen.

Schließlich hat sich noch eine Versicherung einen sehr zweifelhaften Werbespruch einfallen lassen, der etwa lautet: „Was tut ein Oberösterreicher, wenn er bei einer Linzer Torte auf Granit beißt? Er macht sich keine Sorgen, er ist bei der und der Versicherung."
Als ob eine Linzer Torte so hart wie Granit wäre! Eher zerbröselt sie im Munde – der Werbetexter kennt sie offenbar gar nicht, sonst wäre er nicht auf diese ausgefallene Idee gekommen.

Der Österreichische Rundfunk, Studio Oberösterreich, hat am 11. Jänner 1972 mit einer Sonntagssendung „Linzer Torte" begonnen, in der bekannte Persönlichkeiten über ihr Leben, ihre Arbeit und ihre Vorlieben interviewt werden und auch Musikwünsche äußern dürfen. Zum Dank für das Gespräch erhalten sie von der Landesinnung der Konditoren eine Linzer Torte überreicht.

Ich bin überzeugt, daß der Name „Linzer Torte" noch in anderen Verbindungen vorkommt. Nur kennen sollte man sie!
So soll es irgendwo in Deutschland eine Tortendose aus Porzellan geben, deren Deckel eine Linzer Torte samt Aufschrift zeigt.

Was man so alles braucht, bevor es ans Backen geht.

Rezepte

und die Kenntnis, sie zu lesen und zu verstehen. Was das Lesen betrifft, so gibt es auch heute noch oder wieder Probleme. Bibliothekare und vor allem Archivare können ein Lied davon singen, wenn junge Leute sich für die Vergangenheit interessieren und forschen wollen – und das sind nicht wenige –, die aber nicht gelernt haben, Kurrentschrift geläufig zu schreiben und zu lesen sowie die gedruckte Fraktur zu lesen. Da wegen des Personalmangels in den meist öffentlichen Institutionen ein „Übersetzerdienst" nicht gewährt werden kann, muß manches gute Vorhaben scheitern. So kommt es auch, daß an sich wertvolle Familienpapiere und auch alte handgeschriebene Kochbücher vernichtet werden, weil sie niemand mehr lesen kann, anstatt sie Archiven anzuvertrauen.

Was die Kochbücher aus der Barockzeit betrifft, um die es bei unserer Linzer Torte in erster Linie geht, so war damals das Schreiben und das Lesen nur wenigen Gebildeten vertraut. Die allgemeine Schulpflicht wurde ja erst unter Maria Theresia eingeführt. Ein gedrucktes Buch zu erwerben, war wiederum nur den begüterten Ständen, dem Adel, den Stiften und Klöstern und dem gehobenen Bürgertum vorbehalten und erst recht die Umsetzung der kostbaren Rezepte in die Realität. Denn die Zubereitung von Alltagsspeisen wurde nicht festgehalten, nur von „raren Speisen", wie es auch im Titel eines Kochbuches heißt.

Bisweilen, vor allem in der Frühzeit unserer Linzer-Torten-Rezepte, fehlen Zutaten. Dies kann auf einen Abschreib- oder Diktierfehler zurückzuführen sein, dürfte aber seinen Grund darin haben, daß die Aufzeichnungen nur als Gedächtnisstützen gedacht waren oder ein Betriebsgeheimnis noch zurückbehalten wurde, um es vor Nachahmung zu schützen.

Wir unterscheiden folgende Arten von Kochbüchern:

- Kochbücher, in denen Rezepte enthalten sind, die aus anderen Kochbüchern abgeschrieben wurden oder von Bekannten und Freunden mitgeteilt worden sind – sie sind völlig unsystematisch angelegt.

- Systematisch angelegte Kochbücher, die entweder aus einer geordneten Zettelsammlung zusammengestellt oder von schon vorhandenen gedruckten Vorlagen kopiert worden sind. Schließlich war ein gedrucktes Buch teuer und man hatte damals mehr Zeit und/oder billige Arbeitskräfte, etwa einen Schullehrerprovisor, wie beim Kochbuch „angehörig der Wohledlen Frauen Anna Maria Magnusin gebohrnen Ranacherinn, Bürgerlichen Wein würthin und Gastgebinn zu Kitzbühel. So zusamen getragen im Jahre Christi 1798 durch Johann Stöckl d. z. Schullehrer Provisor alda."[89] Eines der in diesem Kochbuch enthaltenen Rezepte ist übrigens die wörtliche Kopie des ersten gedruckten Rezeptes der Linzer Torte im Kochbuch des Conrad Hagger von 1718! [90]

* Manche Kochbücher sind gleichsam für den Unterricht geschrieben worden, für den Berufsnachwuchs bestimmt oder richten sich an einen bestimmten Stand.

* Dann gibt es noch die Familienkochbücher, die etwa der Bräutigam seiner Zukünftigen schenkte und damit die Hoffnung verband, im Ehestand ebenfalls seine Lieblingsgerichte, so wie sie Muttern gekocht hat, vorgesetzt zu bekommen. Mir sind auch schon Kochbücher untergekommen, die der Onkel seiner Nichte gewidmet hat,[91] oder in die sich Verehrer der Besitzerin mit einzelnen Rezepten und ihren Unterschriften verewigt haben, wie beim Kochbuch meiner Großmutter, als sie Kochelevin war.

Küche

Die Küchen der Barockzeit, in der unsere Torte entstanden ist, waren beileibe keine Horte der Gemütlichkeit, und der Beruf der Köchin oder des Kochs war mit so manchen Gefahren verbunden, wie Rauchgasvergiftungen, Verbrennungen, Verbrühungen, Augenschäden und Beinleiden. In Marpergers Küch- und Keller-Dictionarium, Hamburg 1716,[92] findet sich eine prächtige Schilderung über die Arbeitsbedingungen, aber auch über die Schwächen der Köche: „Der Habitus ist ihr Leib und Leben; Denn solte ein Koch nicht auf einen Feyertag ein Alemode-Kleid/item einen Gürtel mit Silber beschlagen haben/ so müste er je ein armer Sudler seyn: Auf den Werckel-Tag gehet er/nach aller Gebühr/ in ledern schmutzigen/ und nach dem besten Braten-Fett riechenden Kleidern daher/ und verrichtet sein Ampt in aller Herrlichkeit. Auf das Tempus müssen sie gute Achtung haben/ damit der Braten nicht verdorre/ und das Fleisch nicht versiede; Im übrigen ist vor sie eine Zeit wie die andere/ denn sie können den gantzen Tag mit Fressen und Sauffen aushalten. Ihre Action gehet auch immer fort/ mit Sieden, Braten und Backen/ Versuchen/ Lecken/ Schäumen/ Feuer-schüren/ und wenn es Zeit ist mit Anrichten; Doch dass sie ihrer nicht vergessen. Es gehet aber nimmermehr so wohl ab/ sie müssen auch ihr Theil an der Passion finden; Denn bisweilen beisset sie der Rauch in die Augen/ bisweilen springet ihnen eine Funcke ins Gesicht/ bisweilen schütten sie ihnen selbst ein warmes Brühlein in die Schuhe/ davon sie gar artig tantzen lernen; Will nicht sagen/ daß sie bisweilen den Bart verbrennen/ denn solches wäre zu viel/ darum sie gemeiniglich nach der heutigen Mode solchen fast gar abscheeren lassen, Daß ihnen der Kopf wehe thut von Sauffen/ der Bauch strotzet von Fressen/ dass sie speyen wie die Gärber-Hunde/ wenn sie Haare gefressen/ ist nichts neues/ sondern gleichsam ihr täglich Brod.“

Feuerstelle und was dazugehört

Die Feuerstelle im Barock bestand aus einem gemauerten Feuerplatz, über dem an Haken Töpfe und Kessel hingen, nahe dem Feuer Bratspieße gewendet wurden – oder in Pfannen mit langen Stielen, die auf einem Dreifuß über der Glut ruhten, worin gebraten wurde.

Zum Backen der Torten werden immer zwei Möglichkeiten angegeben:

a) das Öferl oder
b) die Tortenpfanne.

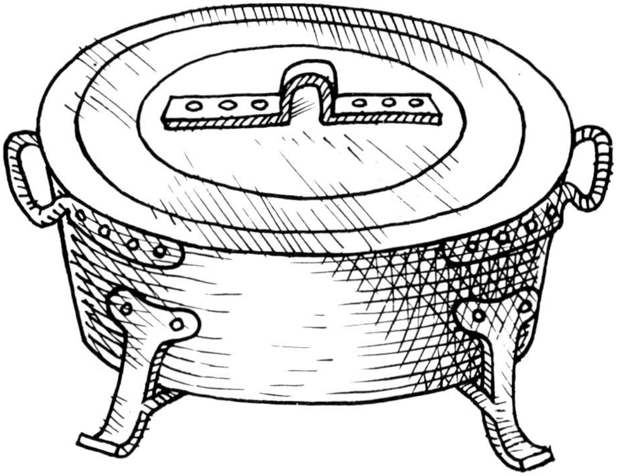

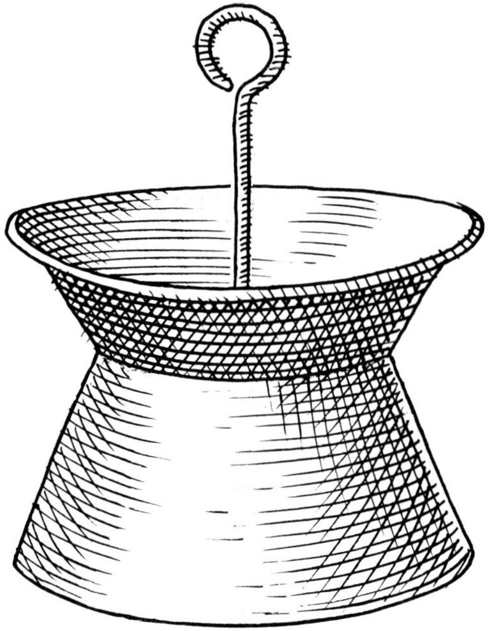

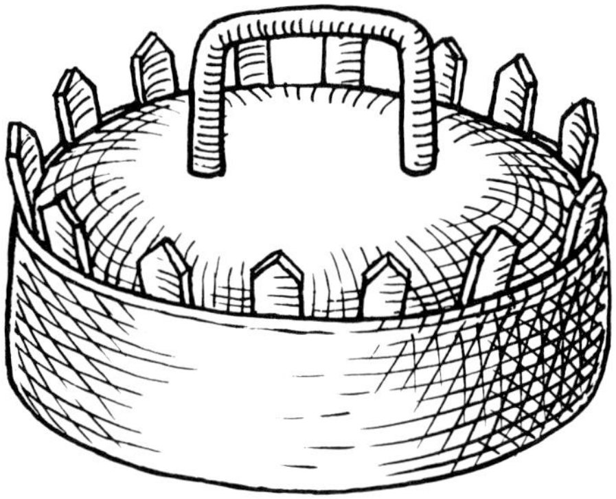

Links oben:

Öferl aus der Renaissance. Hier befand sich die Glut im Inneren des kupfernen Gefäßes.

Rechts oben:

Transportables Backöferl aus einem Kochbuch von 1883. Das Tortenblatt mit der Torte wurde auf heiße Asche gestellt und dieses Backöferl mit den glühenden Kohlen oder der heißen Asche im trichterförmigen Deckel darübergestülpt.

Links unten:

Deckel einer Backpfanne mit Metallspangen zum Halten der Glut.

Das Wort „Ofen“ bedeutete ursprünglich nicht ein Gerät zum Heizen, sondern zum Kochen bzw. zum Aufbewahren der Glut, eine Glutpfanne.

Glücklicherweise sind uns Beschreibungen, aber auch Zeichnungen erhalten geblieben, wie man sich derartige Öferln vorzustellen hat. In einer Enzyklopädie aus dem Jahre 1787[93] wird übrigens die Entwicklung des Backens wie folgt beschrieben: „Bäck-Ofen. Die ersten Mittel, deren sich die Menschen zum Backen bedienten, waren sehr einfach und unvollkommen. Der Herd des Kamins, ein Loch in der Erde, oder in der Asche, ein Rost, eine Tortenpfanne, und endlich kleine metallene Oefgen, die man tragen kann, sind die ersten Arten von Backöfen gewesen. In manchen Ländern, z. B. in Lothringen, bäckt man noch heutzutage Kuchen auf dem Herde unter der Asche und ein wenig Feuer zu, welches man so lange unterhält, bis man glaubt, daß der Kuchen ausgebacken ist …“ Von dem Backen in der Asche kommt auch die in Norddeutschland noch gebräuchliche Bezeichnung „Aschkuchen“ für so etwas wie einen Gugelhupf. Das Backen in der heißen Asche wird übrigens bis heute in entlegenen Berggebieten des Balkans praktiziert.[94]

Die Tortenpfannen haben sich bis jetzt in Form der elektrisch beheizten Backhauben gehalten, weil sie besonders gute Backergebnisse bringen sollen. In den Konditoreien verwendet man heute Drehöfen, das heißt, das Backwerk wird automatisch gedreht und daher gleichmäßig braun. Im übrigen lassen sich kupferne Tortenpfannen im weiten Umkreis von Linz in alten Verzeichnissen, so aus Burg Pürnstein über dem Tal der Großen Mühl[95] und im Stift Zwettl in Niederösterreich aus dem 16. Jahrhundert nachweisen. In Linz kennen wir kupferne Tortenpfannen aus Inventaren des 17. Jahrhunderts.[96]

Waage – Maße und Gewichte

In den Rezepten wird die Waage nie direkt erwähnt.
Die älteste Gewichtsangabe ist „eine Handvoll“. Herta Neunteufl[97] hat ausgerechnet, daß die Höhlung der Hand, Gaufen genannt, etwa 7 dag faßt, das wären 4 Lot, womit wir bei der bis 1876 gültigen Gewichtseinteilung wären, die sich jedoch noch bis in die Zwanzigerjahre unseres Jahrhunderts in Kochbüchern findet, indirekt auch heute noch: Wenn nämlich die Mengen in Rezepten mit 7, 14, 21, 28, 56 dag angegeben sind, so ist das eine Folge der Umrechnung aus der „Lotzeit“.

1 Lot = 1,75 dag
1 Vierting = 14 dag
1 halbes Pfund = 28 dag
1 Pfund = 56 dag = lb (libra)

Becken oder Weitling

In Linzer Inventaren aus dem 17. Jahrhundert sind kupferne Becken zum Tortenmachen angeführt.[98]
Der Weitling, vorwiegend jedoch Weidling genannt, in Deutschland „der Asch“, ist eine nach oben weiter werdende Schüssel zum Rühren der Masse.

Nudelbrett

In Deutschland ist es nach einer Untersuchung[99] nicht weiter zurück als zur Wende vom 18. zum 19. Jahrhundert nachweisbar. In Österreich findet sich das Nudelbrett bereits im Kochbuch von 1696, in dem das älteste Rezept der Linzer Torte enthalten ist, allerdings nicht im Linzer-Torten-Rezept, denn unsere Torte wird im 17. und 18. Jahrhundert fast ausnahmslos im Weitling abgetrieben. Jedenfalls scheinen wir das Nudelbrett nach Deutschland exportiert zu haben. Etwas sonderbar mutet es an, wenn man in einem norddeutschen Kochbuch statt eines Nudelbrettes ein Fischbrett gebraucht.[100]
Anstelle des Nudelbrettes gab es natürlich auch eigene Anwirktische und bis in die jüngste Zeit Marmor- oder Schieferplatten,[101] ja, in allerjüngster Zeit hat man den Stein wieder als Abdeckung der Arbeitsflächen in die Küche eingeführt. Beim schnellen Zusammenarbeiten des Mürbteiges soll ja die Butter nicht weich werden, daher eignet sich der kühlere Stein besonders für solche und andere Tablierarbeiten. Das Bild der k.k. Hofkonditorei zeigt übrigens die Marmorabdeckungen der Arbeitstische. Natürlich darf beim Nudelbrett der Nudelwalker (auch -walger, Well- oder Rollholz genannt) nicht fehlen, mit ihm wird bisweilen die Butter in das Mehl eingearbeitet und er oder es dient auch den Frauen als Waffe – aber nur in der Karikatur.

Der Kochlöffel

ähnlich mißbraucht, kommt nur einmal vor, um damit „2 Kochlöffel voll frisches Wasser“ dem Teig beizufügen (ca. 1798).[102]

Mörser

„Cylinder- oder halbkugelförmiges Küchengeräth, in dem mittels einer Keule Gewürze, Knochen, Fleisch etc. zerkleinert werden. Die besten Mörser sind die von Messing. Durch Reinhaltung derselben kann man das Ansetzen von Grünspan verhüten. Eiserne Mörser sind nicht appetitlich, Porzellan- und Serpentinmörser leicht zerbrechlich; auch können harte Gegenstände in denselben nicht gestoßen werden; Holzmörser zerspringen oft und dienen nur zum Zerkleinern von Salz, Farinzucker und ähnlichen Stoffen." So lautet das Stichwort „Mörser" in einem Haushaltslexikon von 1884.[103] Dazu ist zu sagen, daß in manchen Kochbüchern ausdrücklich Steinmörser zum Zerkleinern der Mandeln verlangt werden. In manchen Zubereitungsanweisungen werden auch Butter, Zucker und Mandeln im Mörser miteinander abgerieben. Kleine Steinmörser sind auch heute noch in einer modernen Küche zum Zerkleinern von Gewürzen und Kräutern in Gebrauch – oder wieder in Gebrauch.

Tortenblatt – Tortenreif

Der Teig oder die Masse wurde auf eine Schüssel gestrichen oder auf ein Bodenblech – das „Blattl" – gelegt, und dann machte man um die Torte einen „hilznen", also hölzernen oder blechernen Reif. Später nimmt man Papierstreifen und bindet sie mit einem Wollfaden oder Spagat zusammen. Diese Tortenschüssel (oder das Tortenplattel) wird nun in das Öferl oder die Tortenpfanne eingesetzt. Gegen die Wende zum 19. Jahrhundert beginnt sich der Sparherd langsam durchzusetzen, und mit ihm kommt auch das Backrohr im Küchenherd in Gebrauch.
Heute ist es in Konditoreibetrieben noch durchaus üblich, den Tortenreifen ohne Boden auf ein quadratisches Papier zu stellen, das groß genug ist, daß man es von außen um den Reifen herumwinden kann.

Straubenspritze, Schablone und Teigrädchen

Bei manchen Backanweisungen wird die gitterförmige Verzierung dadurch erzielt, daß man etwas von der Masse mit der Straubenspritze aufdressiert. Strauben sind ein Spritzgebäck aus Brandteig, die im Fett schwimmend herausgebacken werden.
In einer Linzer Konditorei wird das Gittermuster mit einer Schablone aus einer Teigplatte ausgepreßt.[104]
Bei der Tortenbereitung für den Hausgebrauch wird das Gitter nach wie vor mit der Hand gerollt, wobei der Teig für die Stangerln mit etwas mehr Mehl versetzt wird, damit sie besser formbar sind. Es wurden aber auch Teigstreifen mit dem Teigrädchen ausgeradelt.
Eine andere Art des Abdeckens war es, den restlichen Teig wie Streusel über die Marmelade zu bröseln.[105]

Federbeserl oder Schmierfeder

So heißen in Österreich die kunstvoll zu einem Bündel geflochtenen Gänsefedern, mit denen das versprudelte Ei auf die Torte gestrichen wird. Früher wurden diese Federn von hausierenden Kroatinnen in Wien verkauft, jetzt kenne ich nur

einen älteren Herren in Niederösterreich, der nicht genug davon herstellen kann, da es ihm an Rohmaterial mangelt – an Gänsen!
Im übrigen kommen Federkiele auch als Maßstab in den Rezepten vor, wenn es da heißt: Walge den Teig federkieldick aus.

Mehl

In den Backanweisungen für die Linzer Torte finden sich nur selten konkrete Angaben über das zu verwendende Mehl, obwohl es zur Entstehungszeit unserer Süßen bereits Mehl in verschiedenen Ausmahlungsgraden bzw. unterschiedlicher Körnung gegeben hat. Schon im ausgehenden Mittelalter war es gelungen, dies mit Hilfe von Beuteln aus verschieden dichtem Gewebe, durch die das Mehl gesiebt wurde, zu erzielen. Waren es lange Zeit die Mühlsteine gewesen, mit denen das Getreide gemahlen wurde, so setzte mit der Erfindung der Walzenstühle aus Metall eine neue Epoche der Müllerei ein, die Auszugmehle hielten Einzug in die Küchen und Backstuben.
Im 17. Jahrhundert und später finden wir die Unterscheidung der Mehlsorten in Semmelmehl, Mundmehl, Pohlmehl und Schwarzmehl. Schon im ältesten Rezept unserer Torte – 1696 – wird Mundmehl gefordert, das ist unser heutiges glattes Mehl, ebenso in den Rezepten von 1740, 1749 und 1798. 1820 verlangt Zenker[106] fein gesiebtes Auszugmehl, 1868 ist von „Nermehl, Kaisermehl" die Rede, gemeint ist offenbar doppelgriffiges Mehl, das im Volksmund auch „Kaiserauszugmehl" genannt wird.[107]
In dem „Kochbuch für fleischlose, fettlose und eiersparende Kost",[108] bezeichnenderweise 1919 erschienen, wird neben je 14 dag Mehl, Butter und Zucker sowie 2 ganzen Eiern noch 7 dag Gerstenmehl vorgeschrieben. Ausgefallener Mehlersatz sind Kartoffel- oder Stärkemehl, oder, wohl infolge eines Irrtums, Linsen.[109] Es sind mir wohl Rezepte mit der Bezeichnung „Linsentorte" untergekommen, jedoch nur eines mit Linsenmehl.[110] Offenbar hat jemand das ihm unbekannte Linz durch die bekannten Linsen ersetzt. Marperger[111] berichtet in seinem berühmten „Vollständigen Küch- und Keller-Dictionarium" 1716: „Jedoch werden offt in Hungers-Noth dergleichen kleine Hülsen Früchte hervorgesucht/ und zu Mehl gemahlen." Da jedoch Torten nur für Reiche erschwinglich waren und man es sich auch damals schon mit Geld richten konnte, haben die Linsen mit der Linzer Torte außer einer Klangähnlichkeit gewiß nichts zu tun.
Heute nimmt man jedenfalls glattes Mehl oder die besonders Gesundheitsbewußten das Vollwertmehl.

Germ, Hefe oder Barmen

Der Linzer Torte irgendwelche Triebmittel beizufügen ist nicht üblich. Aber die Lust zum Experimentieren ist den Hausfrauen eigen. So gibt es ein Rezept „Die Germ=Linzer=Torten zu machen" von 1797. Es ist ein Rezept mit je einem Pfund der üblichen Zutaten plus 12 Eiern – aber von Germ ist dann keine Rede mehr.[112]

Ein einziges handgeschriebenes Rezept aus dem schönen Mühlviertel, dem waldreichen Gebiet nördlich der Donau, konnte ich entdecken, in dem tatsächlich Germ enthalten ist. Es ist im Rezeptteil zu finden (Seite 59f).

Germ wurde übrigens in früheren Zeiten in flüssiger Form verwendet. In den alten Kochbüchern findet man jedoch kaum Rezepte von Germspeisen. Sie scheinen zu gewöhnlich gewesen zu sein – oder so alltäglich, daß man ein Festhalten in einem Kochbuch nicht für nötig gehalten hat.

Ammonium

Ist zu Anfang des 19. Jahrhunderts jener Linzer Torte beigegeben worden, die Johann Conrad Vogel erfunden haben soll und im Grunde eine Mürbteigtorte ist.

Zaghaft kommt dann ab der Mitte des 19. Jahrhunderts das

Backpulver

In einem Wiener Kochbuch wird sogar die Zusammensetzung von Backpulver für einen Gugelhupf angegeben: 7 Gramm Natron und 14 Gramm Weinstein.[113] Mit Zunahme der industriellen Herstellung von Backhilfsmitteln findet sich des öfteren auch eine Beimischung von Backpulver in den Linzer-Torten-Rezepten, so in dem Rezept „Echte Linzer Torte" im Kochbuch der Anna Tagwerker.[114] Es ist zu hoffen, daß sich dies dank der modernen elektrischen Rührgeräte nicht durchsetzen wird. Nach wie vor verzichtet die Hausfrau, die etwas auf sich und ihre Torte hält, auf die Beigabe von Backpulver, allerdings nur beim Bereiten der Linzer Torte.

Butter

Sie wird in den ältesten Anweisungen stets lange Zeit abgerührt oder abgetrieben. Nimm „süßen Butter", „frischen Butter", „wasch ihn wohl aus" – das sind einige der Hinweise darauf, daß die Butter nicht immer frisch war. Sie wurde in den bäuerlichen Betrieben überwiegend aus Sauerrahm hergestellt, der meist schon Tage vor dem Rühren das Licht des Kuhstalls erblickt hatte. Wir müssen uns vorstellen, daß die Milchspenderinnen früherer Epochen oft unter Futtermangel zu leiden hatten, eine derart intensive Grünlandwirtschaft wie heute, oder gar eine Silage, kannte man damals nicht. Zudem wurden nicht nur Pferde oder Ochsen unters Joch genommen, auch die Kühe hatten Zugdienste zu leisten, kein Wunder, daß sie bei solch ungünstigen Lebensbedingungen wenig Milch gaben und daher Butter teuer war. Allein schon der hohe Anteil an Butter machte daher unsere Torte zu einer Vorbehaltsspeise für Reiche, erst recht noch die Mandeln, der Zucker und die Zitronen, zu denen sich später auch noch andere überseeische Gewürze gesellten.

Andere Fette

In einem böhmischen Kochbuch[115] und einem aus Wien[116] wird zur Linzer Torte Gänsefett genommen, in einer Handschrift von 1919 Kernfett. Ich rate aber davon ab, dieses Rezept zu versuchen.

Etwas anderes ist es mit den Grammeln oder Grieben. Diese Reste des ausgelassenen Schweinespecks oder -filzes sind sehr wohl ein guter Ersatz für Butter. Mit Zimt, Nelken, Neugewürz und Zitronenschale gewürzt und mit entsprechend säuerlicher Marmelade obenauf ergibt dies etwas durchaus Genießbares. Nur eines rate ich dringend: Machen Sie es nicht wie meine lieben Nachbarn, denen die Grammel-Linzer-Torte fürs erste wunderbar schmeckte, nur hatte sie einen so eigenartigen Nachgeschmack: Sie hatten den Filz mit Knoblauch ausgelassen.

Zucker

Der älteste Süßstoff in unseren Gegenden war der Honig, wenngleich schon Ende des 1. Jahrtausends n.Chr. bei den Ägyptern, Arabern, Persern und Chinesen die Erzeugung weißen raffinierten Zuckers aus dem Zuckerrohr auf hoher Stufe stand. Während der Kreuzzüge wurde Mitteleuropa mit dem orientalischen Zucker näher bekannt, nachdem schon im 8. Jahrhundert die Araber in Sizilien und später in Spanien die Zuckerrohrkultur eingeführt hatten. Gegen Ende des Mittelalters brachten Spanier und Portugiesen das Zuckerrohr nach Madeira, auf die Azoren und die Kanarischen Inseln.[117] Daher findet sich in alten Kochbüchern des öfteren der Ausdruck „Canarizucker". In Mitteleuropa wurde Zucker ursprünglich als Medizin und zu Medizinen verwendet und in Apotheken nur in kleinen Mengen verkauft, zumal er sehr teuer war und es lange geblieben ist. In die bürgerliche Küche konnte er erst vermehrt einziehen, als die Zuckergewinnung aus der Rübe gefunden worden war und eine industrielle Erzeugung eingesetzt hatte. Ab und zu wird in den Rezepten „gefähter" Zucker, das heißt gesiebter Zucker, gefordert, doch dürfte es ohnedies ziemlich selbstverständlich gewesen sein, Staubzucker zu verwenden, wie das auch heute noch der Fall ist, zumal Kristallzucker beim Backen karamelisiert und dadurch das Gebäck härter wird. Dem heutigen Geschmack entsprechend werden bei unserer Torte der Zuckeranteil wie auch der Fettanteil reduziert. Man ist mehr auf Linie bedacht. Die Verwendung von Rohrzucker liegt wieder im Gesundheitstrend, noch mehr der Ersatz des Zuckers durch Honig.

Mandeln

In Vorder- und Mittelasien zu Hause, kam der Mandelbaum schon sehr früh, und zwar um 500 v. Chr., in den Mittelmeerraum, 200 vor unserer Zeitrechnung wurde er bereits in Italien kultiviert.
Nach Linz kamen die Mandeln wohl in erster Linie direkt aus diesem Gebiet, denn die Stadt hat regen Handel mit Venedig betrieben und umgekehrt. Die Mandel hatte schon seit langem eine wichtige Rolle gespielt, als in der Fastenzeit neben dem Fleisch noch alle Milchprodukte und Eier zu den verbotenen Speisen gehörten. Man fabrizierte als Milchersatz die Mandelmilch (Blancmanger, Blamaschee in der Küchensprache) – in den besseren Kreisen, versteht sich.
Um die Mitte des 17. Jahrhunderts, der Anfangszeit unserer Linzer Torte, lebten in Linz zwei besonders erfolgreiche Kaufleute: Johann Peißer von Wertenau, aus einer Brixener Ratsbürgerfamilie stammend, und Johann Pruner. Beide unterhielten Geschäftsbeziehungen zu überseeischen Ländern und betrieben auf den berühmten Linzer Jahrmärkten Großhandelsgeschäfte mit Gewürzen, Südfrüchten und verschiedenen Spezereien.[118] Johann Adam Pruner, dessen Vater aus

Landshut nach Linz eingewandert war, bekleidete auch das Amt des Linzer Bürgermeisters. Auf ihn geht die Prunerstiftung (Fabrikstraße 10) zurück, deren prachtvolles Barockgebäude heute der Musikschule der Stadt Linz einen schönen Rahmen verleiht. Die Kirche dient den Altkatholiken als Gotteshaus. Der Hauptteil der Stiftung von insgesamt 181.000 Gulden war zum Unterhalt für 27 arme Linzer Bürger bestimmt. Es bildete sich die Legende, daß am 27. eines Monats eine verloren geglaubte, wertvolle Schiffsladung als gerettet gemeldet worden sei.[119]

Die Mandeln werden für unsere Torte entweder mit der Schale gestoßen, oder es wird ihnen nach dem Blanchieren die Haut abgezogen (schon 1696), ab und zu werden sie auch klein geschnitten oder gehackt. Wie mir ein Linzer Konditor berichtete, gab es bei dieser Zubereitungsart Schwierigkeiten, da die Mandeln durch das Backen bisweilen hart werden. Im übrigen begegnet man Mandeltortenrezepten mit der Bezeichnung „Kleim- oder Kleientorte", was nichts anderes bedeutet, als daß Mandeln mit der Schale verwendet werden.

Die Mandel ist bis zum Ende des 19. Jahrhunderts in den Rezepten der Linzer Torte die einzige Nußart und ein Charakteristikum schlechthin für Linzer Gebäcke. So gibt es auch ein Linzer Brot, das ebenfalls Mandeln enthält. Erst um die Wende vom 19. zum 20. Jahrhundert tauchen zum ersten Mal Haselnüsse anstatt der Mandeln in einem Rezept auf.[120] Es überwiegen jedoch immer noch die Mandeln, wenngleich vor allem in den Konditoreibetrieben der Mandelanteil reduziert und – bei besonders preiswerten Produkten – durch Bröseln, ansonsten durch geröstete Haselnüsse ersetzt wird, die das Aroma der Torte steigern.

Weinbeeren – Rosinen

In früheren Zeiten hat man die getrockneten Weinbeeren genau unterschieden:
Sultaninrosinen = klein, ohne Kerne
Zibeben oder Cibeben = große Rosinen mit Kernen
Weinbeerln, Korinthen = kleine Beeren, dunkelrot, purpurfarbig bis schwarz, jedoch sehr süß und saftig.[121]
Ein Tip für Nachkocher alter Rezepte: Bisweilen kommt in alten Kochbüchern die Bezeichnung „Cubeben" vor, das sind keine Weinbeeren, sondern eine Pfefferart, also Vorsicht vor Verwechslungen.

Eier

In den ältesten Backanweisungen kommt kein Ei in die Masse, später werden es ganze Eier oder nur die Dotter. Harte Eidotter beginnt man offensichtlich erst zu Anfang des 19. Jahrhunderts beizusetzen. Die Dotter wurden früher auch „Vögerl" genannt – auch vom frischen Ei.
Die eierreichste Backanweisung stammt aus dem Jahre 1815. Da ist die Rede von einer Linzermasse ohne Mandeln, dafür kommen 32 Eier hinein, das heißt auf je 5 dag der Zutaten ein Ei.
Ebenso ist das Beimengen von Schnee erst um diese Zeit nachzuweisen.[122]

Zitrone

Diese aromatische, säuerliche Frucht stammt vermutlich aus Südostasien und war bereits zur Römerzeit im Mittelmeerraum heimisch. Die Araber sollen sie im 10. Jahrhundert nach Sizilien gebracht haben, und im 11. Jahrhundert findet man sie bereits an der Riviera.[123] Bei den schwierigen Transportverhältnissen und fehlenden Konservierungsmöglichkeiten (außer durch Salzen gab es keine) ist es verständlich, daß die Zitrone lange Zeit eine besondere Kostbarkeit war. Nicht ohne Grund finden wir auf Stilleben sowie auf Porträts der Barockzeit neben den „Hauptdarstellern" als Zeichen des Reichtums auch Zitronen abgebildet.[124] Vielfach wurden sie bis in das 20. Jahrhundert hinein im Hausierhandel verkauft. Meine liebe Nachbarin, die in Wien aufgewachsen ist, erinnert sich noch an die Zitronenverkäuferinnen, die ihre Waren von Tür zu Tür ziehend offerierten.[125]

Zitronenschalen waren lange Zeit die einzigen Aromaträger in der Linzer Torte, bis sie durch Zimt, Nelken, Muskatnuß, Kardamon, Sandel und viel später durch Vanille oder Vanillin erweitert wurden. Orangeat oder reine Pomeranzenschalen (Orangenschalen) sind relativ häufige Beigaben, auch kandierte Orangenblüten[126] werden genannt. Früher gab es nur unbehandelte Schalen, die ohne Bedenken verwendet werden konnten.

Heute werden nach wie vor Zitronenschalen beigegeben, obwohl manche Feinschmecker meinen, daß sich eigentlich der Geschmack der Zitrone mit dem Aroma von Zimt, Nelke und Neugewürz nicht verträgt. Das ist eben Geschmackssache im eigentlichen Sinne des Wortes.

Muskatnuß

Die Muskatnuß, wie viele andere Gewürze auch, galt zunächst in erster Linie als Heilmittel. Schon die heilige Hildegard schreibt im 12. Jahrhundert ausführlich über ihre Heilwirkung.

Nur reiche Leute konnten sich Muskatnüsse leisten. So kostete 1393 ein Pfund Muskat, etwa ein halbes Kilo, so viel wie sieben Ochsen.[127]

In zu großen Mengen genossen ist das Gewürz giftig, in geringen Dosen wirkt es einschläfernd. Als Beigabe zu alkoholischen Getränken steigert Muskat deren Wirkung.[128] Das mag mit ein Grund dafür gewesen ein, warum man dem Bier zur Bereitung der Bierwürze in Silber gefaßte Muskatnüsse beigegeben hat.[129]

Muskatnüsse kommen sogar in einem Linzer Testament und bei einer Verlassenschaft vor. So vermachten Hans Edlinger, Bürger zu Linz, und Judith, seine Frau, am 30. Mai 1609 unter anderem ihrer Tochter Maria die Muskatnuß, „die bei 16 fl wert ist".[130] In der Verlassenschaft der Susanna Gruenauerin (11. Dezember 1655) sind drei mit Silber eingefaßte Muskatnüsse, jede beiläufig 14 Lot Silber, à 40 kr, zusammen auf 8 Gulden geschätzt; zwei Kühe auf 12 Gulden.[131]

In unseren Tortenrezepten taucht die Muskatnuß schon ab 1740 auf, tritt aber dann im Laufe der Zeit zugunsten von Zimt, Nelken und Neugewürz in den Hintergrund.

Zimt

Nach der Zitrone taucht als nächste Gewürzbeigabe zu unserer Torte bereits 1722 auch Zimt auf, nach der alten Schreibweise „Zimmet" genannt. Zimt ist eines der ältesten Gewürze. Es ist dies die getrocknete Innenrinde des Zimtstrauches oder -baumes, der zur Familie der Lorbeergewächse gehört. Von den Hunderten Arten und Abarten kommen in den alten Kochbüchern und in der Fachliteratur der „Kaneel" oder Ceylonzimt und die Kassia, auch Chinazimt genannt, am häufigsten vor. Damit ist schon angedeutet, wo diese Bäume überwiegend angebaut worden sind; heute ist Indonesien Hauptlieferant. Außer in der Küche finden Zimt und Zimtöl Verwendung in der Parfüm- und Seifenindustrie, bei der Likörherstellung sowie in der Pharmazie.[132]

Was die Verwendung betrifft, gilt Ähnliches auch für die

Nelken

Sie sind bereits neben Zitrone, Muskat und Zimt im Kochbuch der Buchmayerin 1743 erwähnt.[133] Die Gewürznelken sind die noch geschlossenen Blütenknospen des Gewürznelkenbaumes, der auf den Molukken-Inseln beheimatet ist. Chinesen und Inder kannten dieses Gewürz schon Jahrhunderte vor Christi Geburt, doch erst zur römischen Kaiserzeit gelangte es in die Mittelmeerländer, von dort ins übrige Europa.[134]

Piment

wird ebenfalls des öfteren angegeben. Da dieses Gewürz in Südamerika daheim ist, ist es in der Alten Welt erst mit der Entdeckung Amerikas bekannt geworden. Es war ein „neues Gewürz", daher der Name. In England nennt man es „allspice" (alle Gewürze), weil man meint, alle Aromen seien im Piment vereint. Dieses Gewürz wird aus den vor der Reife gepflückten, getrockneten Beeren des Nelkenpfefferbaumes aus der Familie der Myrtengewächse gewonnen.[135]

Sandel

Ein ausgefallenes Gewürz ist das Sandelaroma. Es kommt als Aromastoff in ungarischen, österreichischen und schweizerischen Rezepten vor.
Sandel wird aus dem Holz eines in den Gebirgen Vorderindiens wachsenden immergrünen Baumes gewonnen. Das dichte, leicht spaltbare Holz gibt im trockenen Zustand beim Schaben und Reiben einen angenehmen, fast rosenartigen Duft, weshalb es vielfach als Räuchermittel und in der Riechstoffindustrie verwendet wird. Das Sandelöl, das aus den Abfällen und dem Wurzelholz erzeugt wird, dient ebenfalls der Parfümerie (Seifen, Parfüms), wurde jedoch auch in der Medizin gebraucht und daher in Apotheken abgegeben.[136] In der Konditorei ist Sandelpulver fallweise noch in Gebrauch, seine Duftnote ist jedoch offenbar nicht jedermanns Geschmack.[137]

Natürliche Vanille und künstliches Vanillin

Erst im 19. Jahrhundert gibt man der Linzer Torte bisweilen Vanille bei. Des öfteren findet man den Begriff „Geruchzucker" in den Rezepten. Es dürfte sich sowohl um an Zitronen- oder Orangenschalen geriebenen Zucker handeln als auch um Zucker, dem längere Zeit Vanilleschoten beigegeben worden sind. Vanille ist der Fruchtstand einer in Mexiko beheimateten Orchidee, die jedoch 1819 von den Holländern nach Java verpflanzt wurde. Jetzt kommen die Schoten meist unter dem Namen Bourbon-Vanille in den Handel, weil die Insel Réunion, auf der die Franzosen sie erfolgreich kultivieren, einst Bourbon geheißen hat.[138] Heutzutage hat das Ersatzprodukt „Vanillin" so weite Verbreitung gefunden, daß es einem in ländlichen Geschäften passieren kann, keine echte Vanille mehr zu bekommen. Vanillin wird synthetisch hergestellt, es ist jedoch nur ein Bestandteil von mehreren Aromen der echten Vanille.[139]

Bearbeiten des Teiges

Außer einer gerührten Masse wird unsere Linzerin auch als Teig auf dem Brett angewirkt, es gibt aber auch Anweisungen, kleine Fleckerln zu machen, wie in dem Kochbuch aus Pannonhalma.[140]

Rasten lassen

In den ältesten abgetriebenen Massen ist vom Rastenlassen noch nicht die Rede. Erst als man dazu übergegangen ist, einen Teig auf dem Nudelbrett anzuwirken, wird er vor dem Einlegen in die Form und dem Verfertigen des Gitters rasten gelassen. Freilich gibt es auch vereinzelt Anweisungen, die backfertige Torte an einem kühlen Ort rasten zu lassen.[141]

Fülle

Die ersten Backanweisungen sagen bei der Fülle nur „füll ein, mit was du willst". (Die älteren Kochanweisungen sind mit dem Leser der Rezepte alle per du!) Auch „etwas Eingesottenes" kann man finden. 1793 werden im Kochbuch von Gartler-Hikmann zum ersten Mal „Ribes" empfohlen. Der Phantasie sind jedoch keine Grenzen gesetzt. Es finden sich Marillen (Aprikosen), Himbeeren, Weichseln, Apfelgelee, Hetschepetschen und auch schwarze Nüsse.[142] In einem amerikanischen Rezept – wie könnte es anders sein – nimmt man sogar Ketchup (Rezept Seite 85).
Doch im großen und ganzen wird heutzutage zwischen zwei Sorten von Marmeladen zu unterscheiden sein. Im ehemaligen Vorderösterreich und den dort angrenzenden süddeutschen Gegenden sowie in der Schweiz überwiegen die Himbeeren, in Österreich gehört zur Linzer Torte die Ribiselmarmelade (zu deutsch Johannisbeerkonfitüre). Eine Sonderform ist die Mandelfülle, die man sich in der Schweiz ausgedacht hat (siehe Rezept Seite 81).
Zum überwiegenden Teil wird diese Fülle vor dem Backen aufgebracht. Es gibt aber auch Backanweisungen, in denen der Boden angebacken wird, und dann kommt erst die Marmelade samt dem Gitter darauf. Manche Rezepte schlagen vor, die Konfitüre erst nach dem Backen in die Zwischenräume des Gitters einzufüllen. Die Torte ist dann allerdings bestimmt nicht so saftig.

Backdauer

Was die Backdauer in den alten Rezepten anlangt, so schwanken die Angaben von 40 Minuten bis zu vier Stunden. Dieser Vogel wird in dem Bremischen Kochbuch von Betty Gleim 1808 (und auch noch in der dritten Auflage 1823) abgeschossen, wo es heißt: „Dann backt man diese Torte bei wenigem Feuer 4 Stunden, denn diese Torte muß nicht nur auswendig, sondern auch inwendig braun sein." In einem Kochbuch, das im Museum Villach liegt, heißt es: „... und backt es fort und fort und fort."[143]

Verzierung

Bisweilen wurde die Torte mit einem rot-weißen Eis = Zuckerglasur überzogen. Heute wird die Linzer Torte am Rande des Gitters mit gehobelten Mandeln verziert.

Lagerzeit

Mit ein Grund der großen Beliebtheit der Linzer Torte ist ihre Haltbarkeit – sofern sie nicht sofort verspeist wird. Das „sofort" ist ganz wörtlich zu verstehen, denn es gibt auch Anweisungen, daß man sie noch warm essen könne. Im allgemeinen wird jedoch empfohlen, sie einige Tage vor dem Gebrauch zu backen und kühl aufzubewahren. Die längste Aufbewahrungszeit empfiehlt ein Schweizer Journalist, der von Wochen spricht.[144] Wichtig ist die Aufbewahrung in einem kühlen Raum mit relativ hoher Luftfeuchtigkeit. Im Kühlschrank trocknet sie aus, man sollte sie besser einfrieren!

Linzer Torte in aller Welt

Falls Sie das eine oder andere Rezepte nachbacken wollen, folgen hier einige Ratschläge und Anweisungen:

Maße:

1 österr. Pfund = 1 lb (libra) = 56 dag
1/2 Pfund = 28 dag
1/4 Pfund = 1 Vierting = 14 dag
1 Lot(h) = 1,75 dag
4 Lot = 7 dag
8 Lot = 14 dag
12 Lot = 21 dag
Backen Sie die Torte Tage, besser noch Wochen vor dem Gebrauch, sie gewinnt – bei entsprechender Lagerung – an Aroma.

Butter:

Es darf nur ungesalzene Butter verwendet werden. Für eine Masse (Rührteig) diese leicht erwärmen, für einen Teig (Knetteig) kalte Butter nehmen und in einem möglichst kalten Raum schnell und kurz in das Mehl einarbeiten.

Mehl:

Am besten gelingt die Torte, wenn man glattes Mehl nimmt, bei Vollwertrezepten die Anweisung beachten.

Salz:

Eine Prise Salz gehört dazu.

Zucker:

Staubzucker ist dem Feinkristallzucker vorzuziehen.

Eier:

Bei mehreren Rezepten werden keine beigefügt, falls hartgekochte Dotter vorgeschrieben sind, diese passieren.

Mandeln:

Je nach Vorschrift mit Schale und gerieben verwenden oder kurz blanchieren, die Haut abziehen, trocknen und reiben oder kleinschneiden – aber nicht rösten.

Haselnüsse:

Bei Verwendung von Haselnüssen diese vor dem Gebrauch rösten, in einem Tuch die Schalen abreiben, dann erst reiben.

Zitronenschale:

Nur die Schale von unbehandelten Früchten verwenden.

Backhilfsmittel:

Diese sind bei der echten Linzer Torte nicht üblich.

Flüssigkeitszugabe:

Falls nötig, sind folgende Beigaben gelegentlich

angeführt: Wasser, Zitronensaft, Wein, Kirschgeist, Branntwein, Rum, Obers, Sauerrahm.

Gewürze:

Für Gewürze kann keine bestimmte Empfehlung gegeben werden. Bei alten Rezepten sind oft relativ große Mengen vorgeschrieben. Es ist zu bedenken, daß man damals noch keine luftdichte Verpackung kannte und die Gewürze große Aromaverluste erleiden mußten. Zudem waren Verfälschungen häufig.

Rasten lassen:

Beim Knetteig nach Vermischen der Zutaten mindestens eine Stunde, besser länger im Kühlschrank rasten lassen. Dann erst den Teigboden bereiten und die Fülle daraufgeben. Rührteig sofort backen.

Marmelade:

Je größer die Zuckerzugabe im Teig (gleichschwer), umso pikanter sollte die Marmelade sein, daher ist Ribiselmarmelade vorzuziehen.

Teiggitter:

Damit sich die Rollen leichter formen lassen, etwas Mehl zugeben.

Backtemperatur:

Bei einem Elektroherd beträgt die Temperatur ca. 180 Grad, bei einem Gasherd wählt man die Stufe 3. Die Temperatur hängt von der Größe der Torte und dem Material der Tortenform ab, ebenso die

Backdauer:

von 40 Minuten bis 1 Stunde.

Die alte Tortenschachtel zeigt drei Linzer Berühmtheiten: die schöne Linzerin, die Linzer Goldhaube und die Linzer Torte.

Aufbewahren:

Die Torte vor Gebrauch einige Zeit in einen kühlen Raum mit hoher Luftfeuchtigkeit stellen, im Kühlschrank gut in Folie packen, da sie sonst austrocknet und die Gefahr besteht, daß sie Fremdgerüche annimmt.

Tiefgefrieren:

Ist bestens zu empfehlen!

Es ist einer der ganz großen Vorzüge der Linzer Torte: Sie ist sehr lange haltbar – wenn man sie gut genug versteckt.

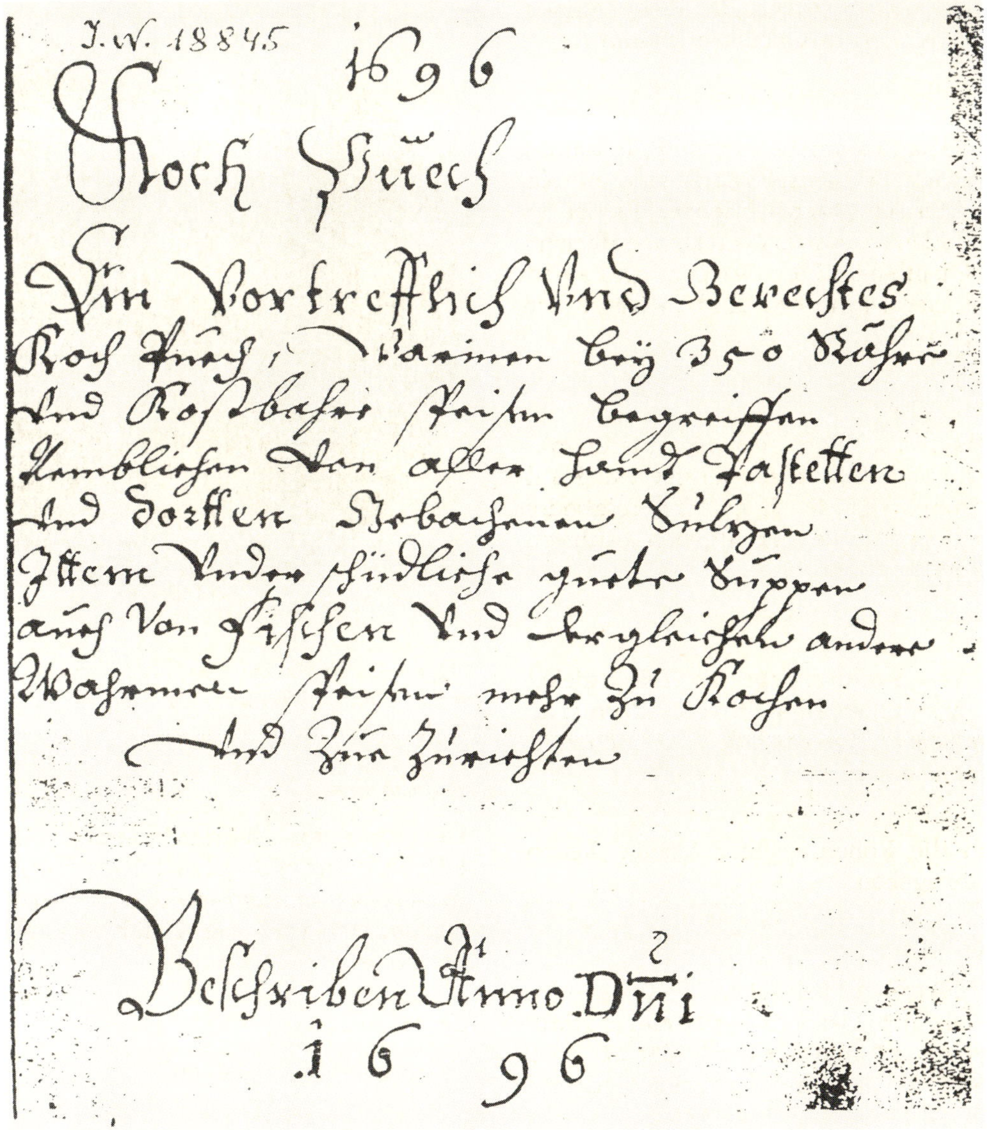
I.N. 18845
1696
Koch Büech
Ein Vortrefflich Und Bewehrtes
Koch Buech, darinen bey 350 ...
und ... Speisen begriffen
... Pastetten
und dorten ...
... Suppen
auch Von Fischen Und dergleichen andere
... Speisen mehr zu Kochen
und zu zurichten
Beschriben Anno Dni
1696

Kochbuch von 1696, in dem das älteste Rezept der Linzer Torte zu finden ist.

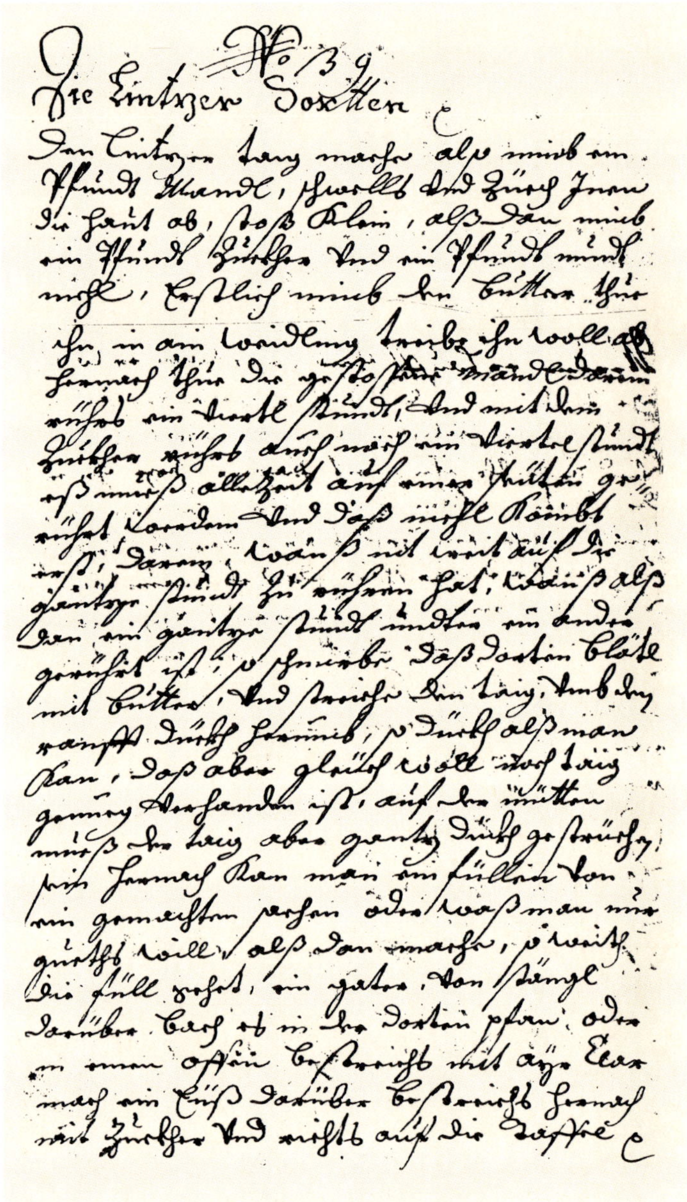

No 39

Die Lintzer Dortten

Den Lintzer taig mache also nimb ein
Pfundt Mandl, schölls und zuech inen
die haut ab, stoß klein, alsdan nimb
ein Pfundt zuckher und ein Pfundt mehl
mehl, lestlich nimb den butter thue
ihn in ein wandlung treibe ihn woll ab
hernach thue die gestossne mandl darein
rüehrs ein viertl stundt, und mit dem
zuckher rüehrs auch noch ein viertlstundt
es mueß allzeit auf einer seitten ge-
rüehrt werden und das mehl kömbt
auch darein, wans nit weit aufs die
gantze stundt zu rüehren hat, wans also
dan ein gantze stundt undter ein ander
gerüehrt ist, so schmierb das dortenblätl
mit butter, und streiche den taig drauf
ranfft durch hernach, so dünn als man
kan, das aber gleich woll noch taig
genung vorhanden ist, auf der mitten
mueß der taig aber gantz dünn gestrichen
sein hernach kan man ein füllen von
ein gemachten sachen oder was man nur
guetts will, als dan mache, so weith
die füll gehet, ein gatter von spängl
darüber, leg es in der dorten pfann oder
in einem ofen bestreichs mit ayr klar
mach ein kueß darüber bestreichs hernach
mit zuckher und richts auf die taffel

Das älteste Rezept der Linzer Torte.

Die Lintzer Dortten – das älteste Rezept der Linzer Torte (1696)

Den lintzer taig mache also nimb ein Pfundt Mandl, schwells vnd zürch Inen die Haut ab, stoß klein, alsdan nimb ein Pfundt Zuckher vnd ein Pfundt mundtmehl. Erstlich nimb den butter thue ihn in ain Weidling treibe ihn woll ab hernach thue die gestossene Mandl darein rührs ein viertl Stundt, vnd mit dem Zuckher rührs auch noch ein Viertel stundt eß mueß allezeit auf einer seiten gerührt werden vnd daß mehl Kombt ersti darain, wanß nit weit auf die gantze Stundt zu rühren hat; wanß alßdan ein gantze Stundt undter ein ander gerührt ist, so schmirbe daß Dorten Blätl mit Butter, vnd streiche den taig Vmb den ranfft dückh herumb, so dückh alß man kan, daß aber gleüch woll noch taig genueg vorhanden ist, auf die mütten mueß der taig aber gantz dückh gestrüchen sein hernach kan man einfüllen von ein gemachten sachen oder waß man nur gueths will, alß dan mache, soweith die Füll gehet, ein gater von Stängl darüber. Bach es in der dorten pfan oder in einen offen bestreichs mit ayr Clar mach ein Eüß darüber bestreichs hernach mit Zuckher richts auf die Taffel.

Die Übersetzung dieses ältesten Rezeptes der Linzer Torte aus einem handgeschriebenen, datierten, jedoch anonymen Kochbuch [145] lautet etwa:

Den Linzer Teig mache folgendermaßen: Nimm ein Pfund Mandeln, schwelle sie und ziehe ihnen die Haut ab, stoße sie klein. Nimm ein Pfund Zucker und ein Pfund glattes Mehl. Nimm zuerst die Butter, gib sie in eine Schüssel, treibe sie gut ab, füge die gestoßenen Mandeln dazu, rühre eine Viertelstunde; mit dem Zucker rühre es auch noch eine Viertelstunde. Es muß immer in eine Richtung gerührt werden. Das Mehl kommt erst nach einer knappen Stunde dazu. Nach dieser Stunde schmiere ein Tortenblatt mit Butter und streiche den Teig um den Rand dick herum, so dick wie man kann, daß aber noch Teig genug vorhanden ist. In der Mitte muß der Teig ganz dick gestrichen sein. Dann kann man Marmelade – oder was man sonst Gutes will – einfüllen. Schließlich lege, soweit die Fülle reicht, ein Gitter darüber. Backe alles in der Tortenpfanne oder in einem Ofen. Bestreiche die Torte mit Eiklar, mache eine Glasur darüber, zuckere sie und fertig!

1 Pfund Butter (Mengenangabe fehlt im Rezept)
1 Pfund geschwellte, abgezogene und geriebene Mandeln
1 Pfund Zucker
1 Pfund Mehl
Marmelade

Linzer Torte nach Conrad Hagger, Salzburg (1718)

Nimm 5.Viertel Pf. schönes weisses Meel/ 3.Viertel Pf. Butter/ 1.halb Pf. gefähten Zucker/ mit ein wenig Saltz/ auch von 2. Lemoni die klein=geriebene Schelffen/ sammt dem Safft/ auch 10.biß 12.Eyerdotter/ und 1.Viertel Pf. gestossene oder geriebene Mandeln/ mit ein wenig frisch Wasser/ oder sauren Ram/ schön trucken angemacht/ so ist er fertig.

Aus disem Taig macht man allerhand geflochtene und andere Schüssel-Dorten/ mit einer jederzeit

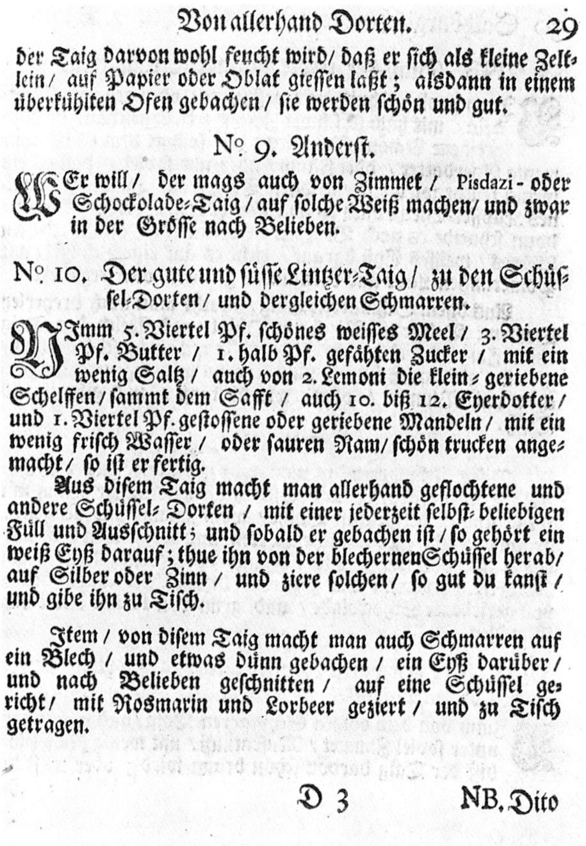

Von allerhand Dorten. 29

der Taig darvon wohl feucht wird/ daß er sich als kleine Zeltlein/ auf Papier oder Oblat giessen laßt; alsdann in einem überkühlten Ofen gebachen/ sie werden schön und gut.

No. 9. Anderst.

WEr will/ der mags auch von Zimmet/ Pisdazi- oder Schockolade-Taig/ auf solche Weiß machen/ und zwar in der Grösse nach Belieben.

No. 10. Der gute und süsse Lintzer-Taig/ zu den Schüssel-Dorten/ und dergleichen Schmarren.

NImm 5. Viertel Pf. schönes weisses Meel/ 3. Viertel Pf. Butter/ 1. halb Pf. gefähten Zucker/ mit ein wenig Saltz/ auch von 2. Lemoni die klein-geriebene Schelffen/ sammt dem Safft/ auch 10. biß 12. Eyerdotter/ und 1. Viertel Pf. gestossene oder geriebene Mandeln/ mit ein wenig frisch Wasser/ oder sauren Ram/ schön trucken angemacht/ so ist er fertig.

Aus disem Taig macht man allerhand geflochtene und andere Schüssel-Dorten/ mit einer jederzeit selbst-beliebigen Füll und Ausschnitt; und sobald er gebachen ist/ so gehört ein weiß Eyß darauf; thue ihn von der blechernen Schüssel herab/ auf Silber oder Zinn/ und ziere solchen/ so gut du kanst/ und gibe ihn zu Tisch.

Item/ von disem Taig macht man auch Schmarren auf ein Blech/ und etwas dünn gebachen/ ein Eyß darüber/ und nach Belieben geschnitten/ auf eine Schüssel gericht/ mit Rosmarin und Lorbeer geziert/ und zu Tisch getragen.

D 3 NB. Dito

Das erste gedruckte Rezept für eine Linzer Torte aus dem Kochbuch von Conrad Hagger (1718).

selbst-beliebigen Füll und Ausschnitt; und sobald er gebachen ist/ so gehört ein weiß Eyß darauf; thue ihn von der blechernen Schüssel herab/ auf Silber oder Zinn/ und ziere solchen/ so gut du kanst/ und gibe ihn zu Tisch.
Item/ von disem Taig macht man auch Schmarren auf ein Blech/ und etwas dünn gebachen/ ein Eyß darüber/ und nach Belieben geschnitten/ auf eine Schüssel gericht/ mit Rosmarin und Lorbeer geziert/ und zu Tisch getragen.

70 dag Mehl
42 dag Butter
28 dag Zucker
1 Prise Salz
Saft und Schale von 2 Zitronen
10 – 12 Eidotter
14 dag gestoßene oder geriebene Mandeln
etwas Wasser oder saurer Rahm
beliebige Fülle

Conrad Haggers „Geflochtne Lintzer Dorten".

Dies ist das älteste bekannte gedruckte Rezept der Linzer Torte aus dem schönsten Barockkochbuch Österreichs.[146] Der Kochbuchverfasser stellt es dem Koch frei, die Torte nach eigenem Gutdünken zu füllen und zu glasieren.

Linzer dortten mit mandeln – aus dem Stift Melk (1731)

Nimb auf ein grosse dortten 1/2 lb mandl schwölß und Stoß 1/2 lb gefähten Zuker, 1/2 lb

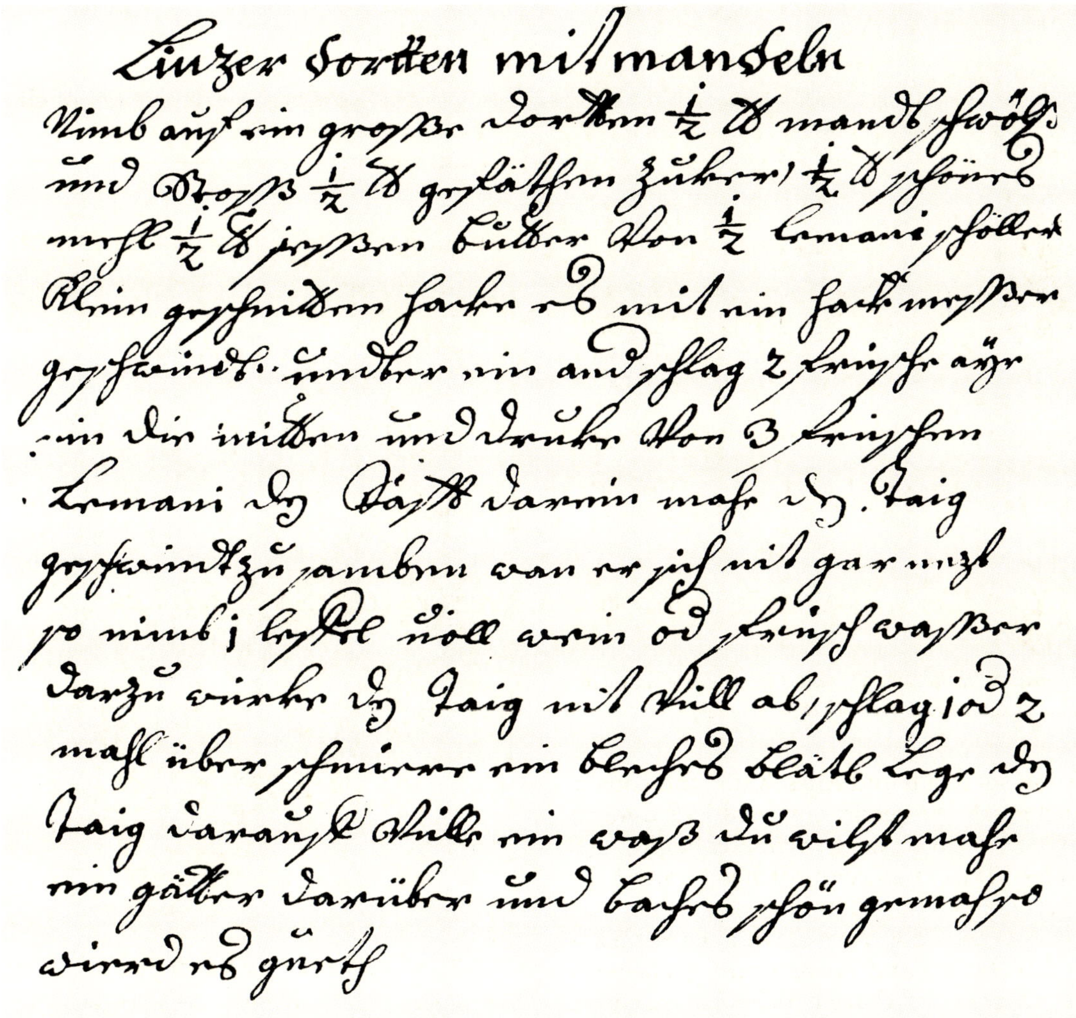
Linzer dortten mit mandeln

schönes mehl 1/2 lb sießen butter von 1/2 lemani schöllerl klein geschnitten hacke es mit ein hackmesser geschwindt undter ein ander schlag 2 frische ayr in die mitten und druke von 3 frischen Lemani den Safft darein mahe den Taig geschwindt zusamben wan er sich nit gar nezt so nimb 1 leffel voll wein oder früsch wasser darzu würke den Taig nit vill ab, schlag 1 oder 2 mahl über schmiere ein bleches Blätl lege den Taig darauff vülle ein waß du wilst mahe ein gätter darüber und baches schön gemah so wierd es gueth.

1/2 Pfund geschwellte Mandeln
1/2 Pfund Staubzucker
1/2 Pfund Mehl
1/2 Pfund Butter
kleingehackte Schale einer Zitrone
2 Eier
Saft von 3 Zitronen
1 Löffel Wein oder Wasser
beliebige Fülle

Im Weinland Wachau nimmt man natürlich Wein zur Torte!
In dem Kochbuch aus dem Stift Melk an der Donau „Koch-und Einmach= auch Artzney Buch so aufgericht= und zusamben getragen worden, Anno 1731“[147] gibt es bereits zwei Rezepte der Linzer Torte, die allerdings nicht viel voneinander abweichen. Da Kaiserin Maria Theresia mit ihrem Hofstaat mehrere Tage lang im Stift Melk zu Gast weilte, wäre es denkbar, daß sie mit Linzer Torten bewirtet wurde.

Linzer Dortn zu Machen – Mundartrezept aus Oberösterreich (1735)

Nim 1/2 Putter und so fill schenz Mei und 1 fierdung Mandl stos glein zugcerst Nach Peliem

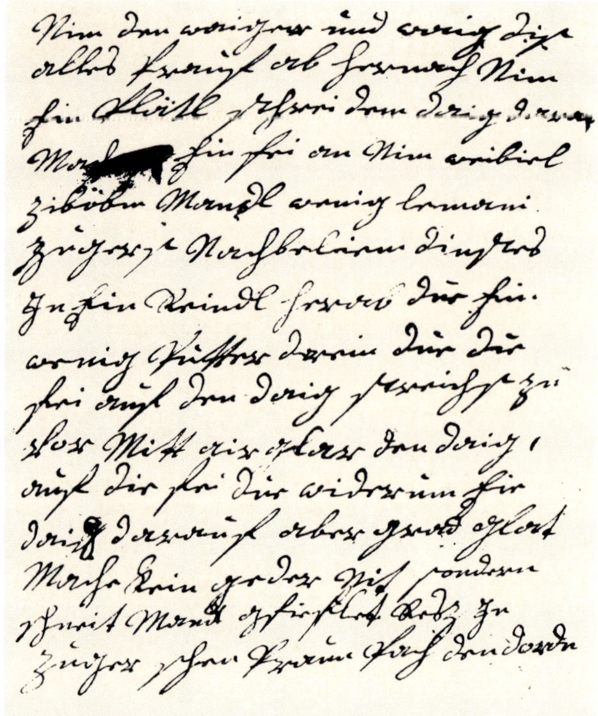

Ausschnitt aus einem in Mundart geschriebenen Rezept, das man am besten laut liest, um hinter den Sinn zu kommen.

schneidt 1 ganzn lemoni drein und den saft drugc darein
Nim den waiger und waig dis alles Prauf ab hernach Nim Ein Plätl sthrei dem daig darauf Mache ein fei an Nim weibirl ziböbm Mandl wenig lemani zugerst Nachbeliem dinstes in Ein Reindl herab due Ein wenig Putter darein due die fei auf den daig streichst zu vor Mitt air glar den daig auf die fei due widerum Ein daig darauf aber grad glat Mache kein geder Nit sondern schneit Mandl gfieflet Rexz In zuger schen Praun Pach den dordn Paidt Er Pachen ist hernach due die

grestn Mandl Erst drauf schen graust duen Noch Ein wenig In drän Nei so ist Ehr fierdig

Die „Übersetzung“ dieses Textes lautet etwa:

Nimm 1/2 Butter, ebensoviel Mehl und 1/4 Mandeln. Stoße diese klein, zuckere sie nach Belieben, schneide eine ganze Zitrone dazu und den Saft einer solchen.
Nimm den Walker und walke alles gut durch. Dann nimm einen Tortenboden und streiche den Teig darauf. Mache eine Fülle, nimm Weinbeeren, Zibeben, Mandeln, Zitronenschalen, zuckere nach Belieben, dünste alles in einem Topf und gib etwas Butter dazu. Gib die Fülle auf den Teig, der zuvor mit Eiklar bestrichen wurde. Auf die Fülle gib wieder eine Teigschicht darauf, aber ganz glatt. Mache kein Gitter, sondern schneide Mandeln stiftelig, röste sie in Zucker schön braun, dann backe die Torte. Ehe sie ganz fertig ist, gib die gerösteten Mandeln darauf. Nun noch einmal ins Rohr, bis sie fertig ist.

Ein Rezept, das geschrieben wurde, wie man sprach – bairisch – mit einer Fülle aus Weinbeeren, Zibeben, Mandeln, Zucker und Butter. Bei dieser Torte wird auf das Gitter verzichtet, es gibt dafür einen Belag aus einer Art Krokant.[148]

Echte Johann-Conrad-Vogel-(Linzer)-Torte – angeblich 1823 erfunden

56 dag Butter
5 Eidotter
28 dag Zucker
Zitronenschale
80 dag Mehl
etwas Ammonium
Ribiselmarmelade

- Die Butter sehr schaumig rühren;
- nach und nach die Eidotter und den Zucker einrühren;
- das Mehl und Ammonium dazugeben und mit der Hand wie einen Sterz abbröseln;
- einen Teil in eine Tortenform geben und mit der Hand etwas niederdrücken;
- mit Ribiselmarmelade bestreichen und die restliche Masse oben daraufgeben;
- zuerst langsam, dann ziemlich heiß backen.

Dieses Rezept ist der Münchner Konditoreizeitung entnommen,[149] es stammt von Frau Amalie Bitterlich, angeblich eine Nichte von Johann Conrad Vogel.
Es entspricht jenem der „Bröseltorte“ in einem Wiener Kochbuch aus dem Jahr 1759.[150] Vogel kann daher auch diese Masse nicht selber erfunden haben.

Gerührte Linzertorte – ein ungewöhnliches Rezept mit Germ (1844)

Treibe 1 Pfund Butter flaumig ab, schlage von 8 Eiern die Klar zum Schnee, dann 1/2 Pfund geschwälte geschnittene Mandel 1/2 Pfund Zucker 1 Pfund Mehl 2 Löffel voll Germ überstreiche denselben Teig auf das Linzerblattl fülle etwas Weinbeerl geschnittene Zibeben geschnittene Mandl Gewürz Zucker fülle es ein den anderen Teig darauf und backe es.

Dieses Rezept ist ein Unikat, um nicht zu sagen ein Unikum. Es wird der Schnee von 8 Eiern verwendet, was mit den Dottern zu geschehen hat, darüber schweigt die Geschichte. Als Fülle wird nicht wie üblich Marmelade verwendet, sondern Weinbeeren, Zibeben, Mandeln und Zucker. Das Rezept stammt aus dem handgeschriebenen

Kochbuch der Theresia Braitschuch,[151] der Überlieferung nach Pfarrerköchin aus der Gegend von Bad Leonfelden. Die „2 Löffel Germ" dürften, wie früher üblich, in flüssiger Form verwendet worden sein. Bezeichnend ist auch das „Linzerblattl" – ein eigener Tortenboden, offenbar nur für die Linzer Torte bestimmt.

Linzer Torte – mit spanischem Wind verziert (1870)

1/2 Pfund Butter
8 Eidotter
1/2 Pfund Staubzucker
Zitronenschalen
Zimt oder geriebene Muskatblüte
Neugewürz oder Piment
1 Prise Salz
8 Eiklar
1/2 Pfund geriebene Mandeln
1/4 Pfund Mehl
Marmelade

Man treibe 1/2 lb Butter recht pflaumig ab, gebe nach und nach 8 Dotter hinein, rühre es gut ab, dann gib 1/2 lb feinen Zucker, Lemonischallen, etwas Zimt oder Muskatblüh und Gewürz (gemeint Neugewürz oder Piment) auch ein Staub Salz dan von 8 Eier den Schnee 1/2 lb samt den Schallen geschnittene Mandl und 1/4 lb Mehl rier alles locker gibt den Teig auf ein beschmiertes Blat und backe es hübsch heiß, back es auf drei Blätter und fühle es mit Eingesottenen ziere es am Rand mit kleinen spanischen Wind.

Dieses Rezept stammt aus dem handgeschriebenen Kochbuch der Constanze Busenlechner um 1870.[152] Die Verzierung mit spanischem Wind findet sich auch in einem amerikanischen Rezept.

Linzer Torte in 5 Blättern – mit einem Gemisch aus Mandeln und Haselnüssen (um 1870)

1/4 Pfund Butter
1/4 Pfund Zucker
1/4 Pfund abgeschälte, geriebene Mandeln
1/4 Pfund Mehl
1/4 Pfund Haselnüsse
1/4 Pfund Zucker
1/8 l Obers
Vanillezucker

- ✱ Aus Butter, Zucker, Mandeln und Mehl einen Teig bereiten und daraus 5 Blätter backen;
- ✱ für die Fülle die Haselnüsse (sie dürfen nicht gebrüht, sondern müssen abgerieben werden) mit Zucker und dem aufgekochten und abgekühlten Obers mischen;
- ✱ die Blätter mit der Fülle bestreichen;
- ✱ obenauf die Torte beeisen, doch die Glasur darf nicht über den Rand laufen;
- ✱ das Eis mit kaltem Wasser anmachen.

Es ist dies ein „Übergangsrezept" von Mandeln zu Haselnüssen, eine Mischung, die auch heute noch verwendet wird. Ansonsten hat diese Torte mit einer Linzer Torte außer dem Namen nichts gemein. Das Rezept wurde einem handgeschriebenen Kochbuch aus St. Veit an der Glan (Kärnten) entnommen.[153]

Linzer Torte – enthält als Besonderheit Bröseln sowie Orangenschalen und wird verziert mit Zitronat und schwarzen Nüssen (um 1890)

76 dag Butter
60 dag Zucker
60 dag Mandeln
40 dag Bröseln

30 dag Mehl
24 Dotter
2 Eier
Vanillezucker
Nelken
Orangenschalen

* Aus den Zutaten schnell einen Teig kneten;
* in eine Tortenform geben und mit Zitronat verzieren;
* nach dem Backen schwarze Nüsse daraufgeben.

Dieses Rezept wurde der Rezeptsammlung eines wandernden Konditorgesellen aus dem 19. Jahrhundert entnommen. Ein kleines, schmales Bücherl ist es, das der Konditorgeselle Maxymowicz für seine Aufzeichnungen verwendet hat. Er war unter anderem in Baden bei Wien, in Wien und in München, und überall hat er sich offenbar die besten Rezepte aufgeschrieben, wie dieses von der Wiener Konditorei Gerstner. Die schwarzen Nüsse scheint er nach Deutschland mitgenommen zu haben, denn sie tauchen 1940 in einem Rezept der Linzer Torte in einem deutschen Kochbuch wieder auf.[154]

Linzer Massen – wie sie in der Wiener Hofküche bereitet wurden (1896).

Linzer Masse, feste

25 dag Mehl
25 dag Butter
25 dag Zucker
3 dag Mandeln
4 gekochte Dotter
4 ganze Eier
Geschmack

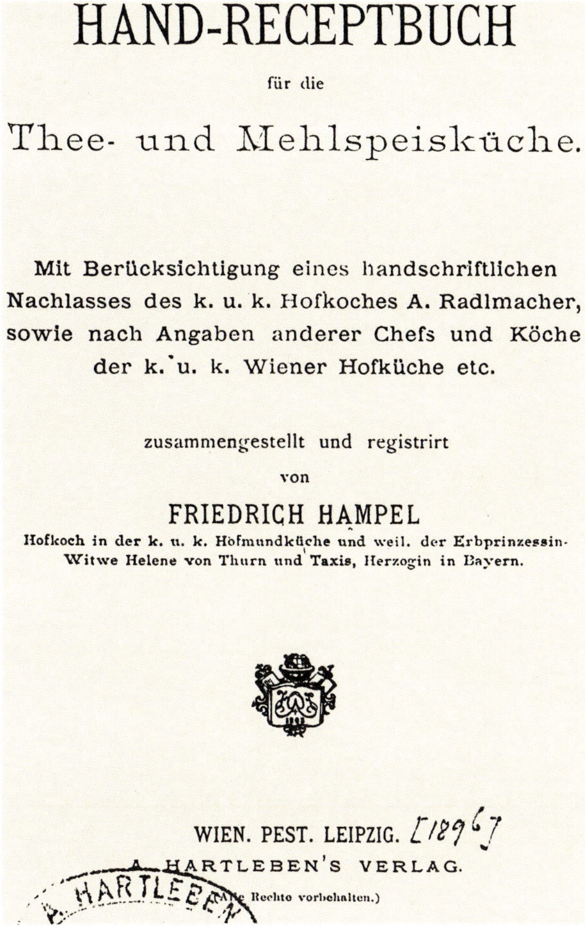

HAND-RECEPTBUCH

für die

Thee- und Mehlspeisküche.

Mit Berücksichtigung eines handschriftlichen Nachlasses des k. u. k. Hofkoches A. Radlmacher, sowie nach Angaben anderer Chefs und Köche der k. u. k. Wiener Hofküche etc.

zusammengestellt und registrirt

von

FRIEDRICH HAMPEL

Hofkoch in der k. u. k. Hofmundküche und weil. der Erbprinzessin-Witwe Helene von Thurn und Taxis, Herzogin in Bayern.

WIEN. PEST. LEIPZIG. [1896]

A. HARTLEBEN'S VERLAG.

(Alle Rechte vorbehalten.)

Aus der Wiener Hofküche haben sich viele Rezepte der Linzer Torte erhalten.

Linzer Masse, gerührte

25 dag Butter, gerührt mit
18 dag Zucker,
18 dag Mandeln
4 Dotter

2 ganze Eier
15 dag Mehl
Zitronengeschmack

Linzer Masse, weiche

50 dag Butter, gerührt mit
50 dag Zucker,
24 Dotter
50 dag Mandeln
38 Schnee
50 dag Mehl
Zitronengeschmack

Diese Rezepte stammen aus dem „Hand- und Receptbuch für die Thee- und Mehlspeisküche, zusammengestellt und registrirt von Friedrich Hampel, Hofkoch in der k. und k. Hofmundküche und weiland der Erbprinzessin Witwe Helene von Thurn und Taxis, Herzogin in Bayern."[155] Einer von mehreren Beweisen, daß die Linzer Torte bei Hof in verschiedenen Varianten gebacken wurde.

Linzer Torte nach Kaiserin Elisabeth von Österreich (um 1890)

Kaiserin Elisabeth liebte Linzer Torten und brachte von ihren Reisen oft Rezepte mit, unter anderem auch eines für Linzer Schnitten, als sie 1891 bei ihrer Tochter Valerie im Schloß Lichtenegg bei Wels zu Besuch weilte:[156]

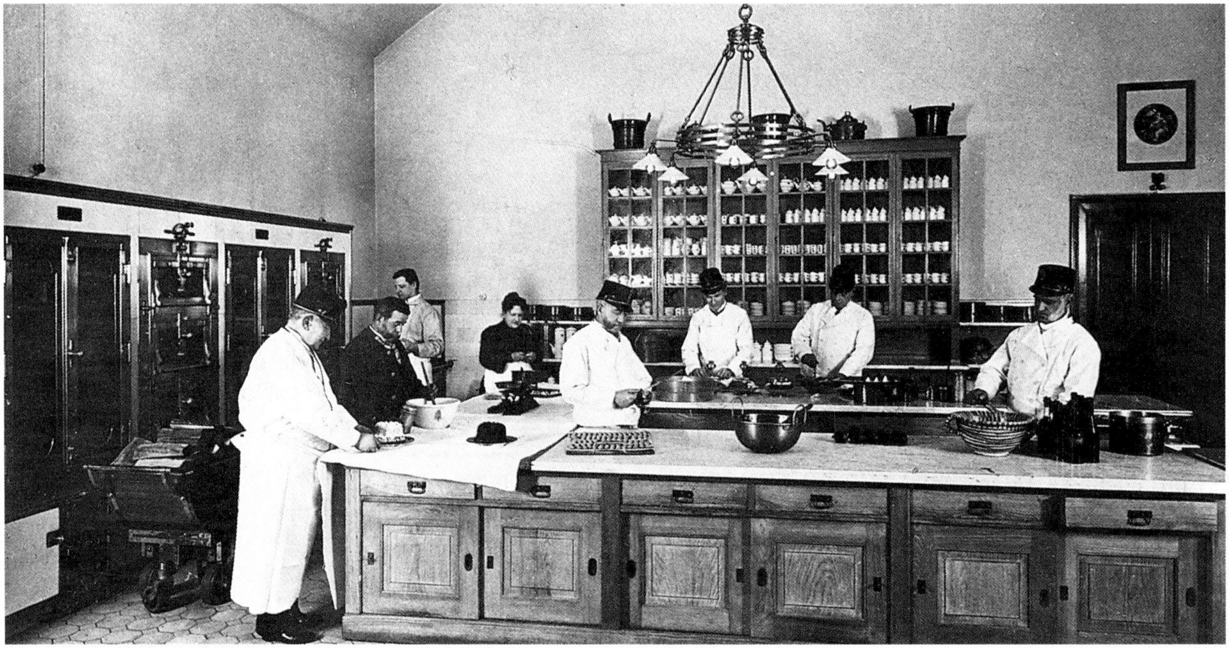

In der Wiener kaiserlichen Hofküche gab es nicht nur eine strenge Hierarchie, sondern auch militärische Kopfbedeckungen.

Linzer Schnitten J. M. Lichtenegg
(J.M. = Ihre Majestät)

8 Loth Butter
8 Loth Mehl
3 Loth Zucker
6 gekochte Dotter

✻ Den Teig anwirken und ausrollen;
✻ in Schnitten schneiden und vorsichtig backen;
✻ 2 und 2 zusammensetzen.

Die Marmelade wurde nur in einem Rezept erwähnt – sie war selbstverständlich!

Im folgenden einige Tortenrezepte:

16 Loth Mandeln ohne Schalen
16 Loth Butter
16 Loth Mehl
12 Loth Zucker
Saft einer halben Zitrone
2 Dotter
1 Löffel Wasser
Gewürz

16 Loth Mandeln
16 Loth Butter
14 Loth Mehl
16 Loth Zucker
3 Eier

1 Pfund Mehl
1 Pfund Butter
1/2 Pfund Mandeln
1/2 Pfund Zucker
3 Eier

40 Loth Butter
40 Loth Zucker
40 Loth abgezogene geröstete Mandeln
40 Loth Bröseln
7 Eier
8 Loth Mehl

(Bukarest)

50 dag Mehl
50 dag Butter
25 dag Zucker
25 dag Mandeln
2 Taferln geriebene Schokolade
Zimt und Gewürznelken

In Bukarest hatte man offenbar schon mit Kilogramm und Dekagramm gerechnet.
„Am 13. Mai (1887) fährt Kaiserin Elisabeth nach Sinaia, um den Besuch Carmen Sylvas zu erwidern.“ [157] Es handelte sich bei Carmen Sylva um Königin Elisabeth von Rumänien, die diesen Dichternamen gewählt hatte. Der Besuch führte eigentlich nach Sinaia, damals ein berühmter Badeort im Norden der Hauptstadt Rumäniens, der seinen Aufschwung dem jährlichen Sommeraufenthalt des königlichen Hofes im Schloß Pelesch verdankte. Dieses wurde 1873 – 1884 vom Wiener Baumeister Doderer erbaut, dem Vater des Dichters Heimito von Doderer.[158]

(braun)

8 Loth Zucker
9 Loth Butter
7 Loth Bröseln
7 Loth Mandeln
2 Loth Mehl
2 Eidotter

(weiß)

20 Loth Butter
20 Loth Zucker
20 Loth Mehl
8 Loth weiße Mandeln
4 Eidotter
4 ganze Eier
Zitrone

(echt)

1 Pfund Butter
12 Loth Zucker
1 Pfund Mehl
Zimt

✻ Butter und Zucker schaumig rühren;
✻ Mehl löffelweise beifügen.

(weiß)

1/4 Pfund Butter
1/4 Pfund Zucker
6 Loth Mandeln
1/4 Pfund Mehl
3 Eier
2 Eidotter
Zitronenschale

(braun)

1/4 Pfund Butter
1/4 Pfund Zucker
1/4 Pfund Mandeln
4 Loth Mehl
4 Eier
Gewürz
Zitrone

J. M. (Ihre Majestät)

8 Loth Butter
3 Loth Vanillezucker
10 Loth Mehl
Salz

✻ „Ein 1/2 cm dickes Blatt auswalken, ein Stück Oblate darauflegen, dann mit Marmelade bestreichen und oben ein Gitter darüber."

à la Cairo J.M.

20 dag Mehl
20 dag weiße Bröseln
25 dag Butter
17,5 dag Zucker
2 Eier
Zimt, Rum, Vanille
3 gr. Ammoniak

„So wird das Schloß auf Korfu im November (1891) verlassen, und die Jacht ‚Miramare' nimmt Kurs auf Ägypten. Fast drei Wochen verbringt die Kaiserin im Hotel ‚Shepherd' in Kairo..."[159]

(gelbe J.M.)

8 Loth Butter
3 Loth Zucker
2 gekochte Dotter
1 rohes Eidotter
10 Loth Mehl

Neben diesen Linzer-Torten-Rezepten findet sich in den Aufzeichnungen des Hofkochs noch eine Reihe anderer Linzer Rezepte, wie z.B. eines für Linzer Törtchen aus Karlsbad, wo die Kaiserin eine Kur absolvierte.

Die Aufzeichnungen des ehemaligen Hofkochs Ludwig Troszt sind glücklicherweise der Nachwelt erhalten geblieben. Troszt wurde 1876 in Wien geboren. Er entstammte einer ungarischen Familie, die durch Bergbau reich geworden war. Sein Vater war Hofstabsadjutant und verhalf ihm zur Stelle bei Hof. 1895 wurde Troszt in die Hofküche als Praktikant aufgenommen. Nach dem Tod Kaiserin Elisabeths wurde er dem Hofstaat Erzherzog Ottos zugeteilt. Beim Attentat auf den Thronfolger Franz Ferdinand in Sarajevo war auch Troszt bei der Küchenmannschaft. Verheiratet war er mit der Kammerzofe der Gräfin Festetics, der Vertrauten der Kaiserin.[160]
Die Rezepte sind nur in den Mengenangaben erhalten, wie es für einen Konditor üblich ist, die Zubereitung kannte er ja. Die Aufzeichnungen müssen von älteren Rezeptbüchern stammen, denn manche Rezepte, die eine Herkunftsangabe tragen, beziehen sich offensichtlich auf Reisen der Kaiserin, die sie vor der Aufnahme Troszts in den Hofdienst unternommen hat.

Rezepte aus der Familie Johann Strauß um 1900

Linzerteig

20 dag Mehl
13 dag Butter
8 dag Zucker
4 hartgekochte Dotter
Zitronenschale, Zimt und Nelken

Braune Linzertorte (Demel)

18 dag Butter
18 dag Zucker
3 ganze Eier
Zimt, Nelken
Zitronenschale

Auch in der Familie Johann Strauß hat man die Linzer Torte genossen. Der Walzerkönig mit Frau Adele und Tochter.

10 dag geriebene Mandeln
10 dag Bröseln

- Butter und Zucker flaumig abtreiben;
- mit den übrigen Zutaten einen Teig bereiten und in eine Tortenform geben;
- die Torte langsam backen.

Das Gitter mit der Marmeladefülle war ein so selbstverständlicher Bestandteil der Torte, daß man beides vielfach nicht extra in den Rezepten erwähnt hat.

Mürber Linzerteig

25 dag Butter
25 dag Mehl
12 dag Zucker
12 dag geschälte, geriebene Mandeln

Zwei liebenswerten Wiener Damen[161] verdanke ich einen besonderen Fund: Das Kochbuch der Familie Johann Strauß Sohn, des Walzerkönigs. Es ist das „Wiener Kochbuch" von Louise Seleskowitz und gehörte seiner in dritter Ehe mit Adele Strauß erheirateten Tochter Alice. In diesem Kochbuch lag ein Zettel mit drei Rezepten der Linzer Torte, darunter eines mit der Quellenangabe „Demel". Frau Stefanie Kisslinger, der das Kochbuch gehörte und die es von ihrer Tante, Anna Hauska, der Haushälterin von Alice Strauß, zuletzt verheiratete von Meyszner,[162] geerbt hat, versicherte mir, daß man bei Demel gerne die Linzer Torte gekauft habe. Von wann das Rezept stammt und ob es sich um das übliche Rezept der berühmten Wiener Konditorei handelt oder um ein Kriegsrezept, konnte ich nicht eruieren.

Brauner Linzerteig – Linzer Torte mit Schokolade (1912)

28 dag Butter
28 dag Mehl
14 dag Mandeln
14 dag Zucker
gestoßener Zimt
Gewürznelken
Saft und Schale einer Zitrone
2 Eidotter
7 dag geriebene Schokolade
Marmelade

- ✻ Aus den Zutaten einen Bröselteig bereiten;
- ✻ einen Teil des Teiges in eine Tortenform geben;
- ✻ aus dem restlichen Teig ein Gitter darüberlegen;
- ✻ die Torte backen und dann die Zwischenräume des Gitters mit Marmelade füllen.

Dieses Rezept für einen Bröselteig gibt auch einen Hinweis darauf, daß die Linzer Torte manchmal ident ist mit der Bröseltorte.
Aus dem Kochbuch von Anna Strobl „Die praktische Wiener Küche".[163]

Linzer Torte ohne Ei und mit Pistazien (1912)

21 dag Mehl
14 dag Butter
14 dag Zucker
14 dag gestoßene Mandeln
14 dag gestiftelte Pistazien
etwas Obers
Zitronenschale

- ✻ Aus den angegebenen Zutaten einen Teig bereiten;
- ✻ den Teig fingerdick auswalken und runde Blätter ausstechen;
- ✻ diese mit Marmelade bestreichen und aufeinandersetzen;
- ✻ mit einem Teiggitter verzieren und mit Ei bestreichen;
- ✻ die Torte backen und dann die Vertiefungen des Gitters mit Marmelade füllen.

Das Kochbuch von Anna Strobl enthält mehrere Varianten der Linzer Torte, so eine mit Kakaobutter und Aranzini.[164]

Linzertorte gerührt, andere Art – das früheste Rezept, in dem Mandeln durch Haselnüsse ersetzt wurden (1912)

15 dag Haselnüsse
15 dag Mehl
15 dag Zucker
15 dag Bröseln
15 dag Butter
3 Eier
Ammoniumsalz (Schnellsalz)
Tortengewürz
Zitronenschale
Marmelade

* Haselnüsse rösten, in einem Tuch abreiben, sodaß sich die Schalen lösen, fein mahlen und mit den übrigen Zutaten zusammen verarbeiten;
* den Teig in 3 Teile teilen;
* einen Teil in Tortengröße auswalken und mit Marmelade bestreichen, wobei der Rand freigelassen wird;
* den Rand mit Ei bestreichen;
* aus dem 2. Teil eine fingerdicke Rolle formen und um den Boden legen;
* aus dem 3. Teil bleistiftdicke Rollen machen und über die Marmelade in verschobenen Vierecken legen;
* die Torte mit Ei bestreichen, mit gehackten Mandeln bestreuen und bei Mittelhitze backen.

Kriegs-Linzer Torte – aus dem Ersten Weltkrieg (1914)

2 dag Fett
1 Ei
10 dag Zucker
17 dag Mehl
1 Kaffeelöffel Honig
1 Kaffeelöffel Backpulver
Gewürze nach Belieben
5 dag geriebene Nüsse
evt. etwas Milch

* Aus den Zutaten einen Teig bereiten;
* einen Teil in eine Tortenform geben, mit Marmelade bestreichen und vom restlichen Teig ein Gitter darauflegen.

Dieses Rezept stammt aus einem handgeschriebenen Kochbuch der Marie Schkerl (Name unleserlich), begonnen 1907. Es muß sich also um ein Rezept aus dem Ersten Weltkrieg handeln.[166]

Kriegs-Linzer Torte – aus dem Ersten Weltkrieg (1918)

3 dag Butter
1 Ei
13 dag Zucker
13 dag Mehl
13 dag passierte Kartoffeln
1/2 Backpulver
Zimt, Nelken, Zitronenschalen
Marmelade

* Alle Zutaten gut verrühren und auf dem Nudelbrett zu einem Teig anmachen;
* einen Teil davon in eine Tortenform geben, mit Marmelade bestreichen und aus dem übrigen Teig ein Gitter darauflegen.

Not macht erfinderisch! Kartoffeln in der Linzer Torte sind eine Rarität. Ich habe das Rezept nicht ausprobiert, daher übernehme ich für das Gelingen keine Garantie.

Aus einem handgeschriebenen Kochbuch, vermutlich aus Innsbruck, mit einer Namenseintragung „Meusburger“.[167]

Linzer Torte – Rezept mit Schokoladeglasur aus Wien (1929)

5 Eier
15 dag Staubzucker
Saft und Schale einer halben Zitrone
7 dag Kartoffelmehl
etwas Semmelbröseln
5 Stück Würfelzucker
2 Rippen Schokolade
2 Eßlöffel Milch

- ✻ Dotter, Staubzucker, Saft und Schale der Zitrone eine halbe Stunde lang rühren;
- ✻ Eischnee und Kartoffelmehl beimengen;
- ✻ in eine mit Butter ausgestrichene und mit Semmelbröseln ausgestreute Form geben und 3/4 Stunden langsam backen; (soll am Tag vorher gebacken werden!)
- ✻ für die Fülle den Würfelzucker leicht spinnen;
- ✻ die Schokolade mit der Milch aufkochen und zusammenrühren;
- ✻ unter die ausgekühlte Masse das geschlagene Obers mengen und in die halbierte Torte sowie obenauf streichen.

„Das Glück im Haus“ verheißt jenes Kochbuch, aus dem dieses ausgefallene Rezept stammt, das mit einer echten Linzer Torte nur noch den Namen gemeinsam hat.[168]

Gerührte Linzer Torte – ein Vollwertrezept aus dem Jahr 1987

12 dag Butter
2 Eier
8 dag Honig
2 Teelöffel Sojamehl
1 Teelöffel Rum
1 Messerspitze Zimt
1 Messerspitze Nelkenpulver
8 dag Haselnüsse
12 dag Weizenvollmehl
1 1/2 Teelöffel Backpulver
1 Oblate
20 dag Ribiselmarmelade

- ✻ Butter, Dotter und Honig schaumig rühren;
- ✻ Sojamehl, Rum und Gewürze beimengen;
- ✻ Schnee schlagen;
- ✻ geriebene Haselnüsse, das mit Backpulver vermischte Mehl und den Schnee unterheben;
- ✻ 2/3 des Teiges in eine befettete Tortenform geben und eine Oblate darauflegen;
- ✻ Marmelade daraufstreichen;
- ✻ aus dem übrigen Teig ein Gitter formen oder spritzen;
- ✻ bei Mittelhitze ca. 40 – 45 Minuten backen.

Beinahe wie ein Rezept aus der Kriegszeit mutet diese Backanweisung an. Und das stimmt sogar ein wenig. Wenn es auch kein Krieg mit Waffen ist, so ist es doch einer, der gegen Übergewicht und falsche Ernährung geführt wird, ohne daß man auf den Genuß einer Linzer Torte zu verzichten braucht. Dieses Rezept und die Kriegsrezepte sind Musterbeispiele dafür, wie sich auch in Rezepten die Zeitumstände widerspiegeln.[169]

Auch in diesem entfernten Erdteil hat die Linzer Torte Einzug gehalten. Im ersten Kochbuch, das in Australien erschienen ist, „The Colonial Cook Book“, 1864, ist allerdings noch kein Rezept der Linzer Torte zu finden. Dafür ist sie jetzt in großen Gastronomie-Handbüchern vertreten, so z.B. in „The Macquarie Dictionary of Cookery“, zuerst erschienen 1983. Die Rezepte in englischsprachigen Gebieten sind gekennzeichnet durch eine Mischung der Maßangaben von Gewicht und Tassen. Wie groß dort die Tassen zu sein pflegen, ist jedoch nicht bekannt. Um ein Mißlingen zu verhindern, habe ich kein Rezept angeführt. Es sei nur angedeutet, daß z.B. die Fülle einer Torte aus 2 1/2 Tassen Himbeer- oder Erdbeermarmelade(!), 1 Eßlöffel Zitronensaft, 3/4 Tassen gemahlener Haselnüsse und ebensoviel gemahlener Mandeln bereitet wird.[170]
Auch im „All Colour Cookbook“ sind die Maßangaben der Tassen mit den Gewichten gemischt. Die Masse enthält Mandeln und wird mit Himbeermarmelade und Schlagobers serviert.[171]

Der „New Larousse Gastronomique“[172] bringt eine etwas widersprüchliche Definition, wenn er meint „Wiener Mehlspeise, die ihren Namen von der Stadt Linz in Österreich hat.“
Ein Gleichschwerrezept, bei dem die Mandelzugabe geringfügig reduziert ist, enthält „Mrs. Beeton's Cookery and Household Management“. Im Klappentext des Buches wird betont, daß es sich bei diesem Buch um eines der populärsten und am meisten gekauften Bücher der Welt handle. Da kann man sich nur freuen, wenn damit eine Version der Linzer Torte weltweit Verbreitung findet, die wirklich unserer Vorstellung einer Linzer Torte entspricht.[173]

Schließlich sei noch ein Nachschlagewerk erwähnt: „The Dictionary of Gastronomy“ von André L. Simon und Robin Howe,[174] in dem es heißt: „Linzer Torte. A favourite and well-known Austrian hazel- nut cake, spread with jam.“ (Ein beliebter und bekannter österreichischer Haselnußkuchen, mit Marmelade bestrichen.)

BÖHMEN

„Als Böhmen noch bei Österreich war ...“ war es der Inbegriff für gute Köchinnen, für Kolatschen, Haluschka, Liwanzen, Powidltatschkerln, Buchteln, für Prager Schinken, Bier und die Lieferanten des Weihnachtsschmauses: Karpfen, Enten und Gänse. Möge es bald wieder so werden!
Die Verbindung Linz – Böhmen ist dank der günstigen Verkehrslage jahrtausendealt und läßt sich kulinarisch schon lange zurückverfolgen. Auch die Linzer Torte ist bald in den Norden gewandert und hat sich dort wenig verändert. 1836 waren in der böhmischen Küche ein Linzer Kirschen-Kuchen ebenso bekannt wie die Torteletten von weißem Linzerteig, die den Gramastettner Krapferln, benannt nach einem nahe Linz gelegenen Ort im Mühlviertel, sehr gleichen.[175] Viel beigetragen zur Verbreitung der Linzer Küche hat offensichtlich auch die Deutsche Kochschule in Prag, deren Kochbuch in vielen Tausend Exemplaren erschienen ist.

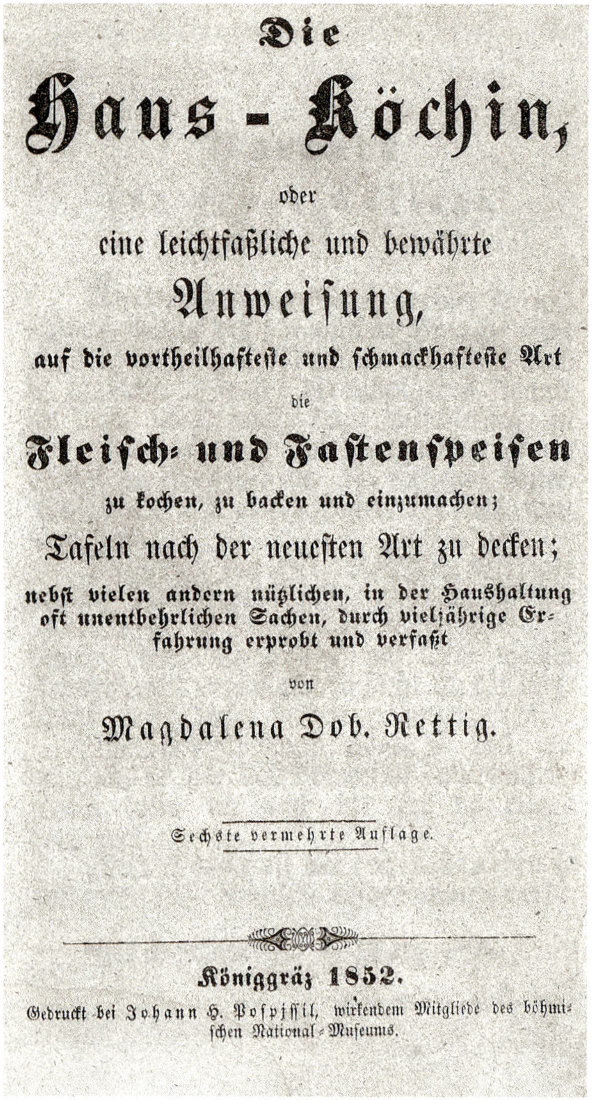

Die

Haus-Köchin,

oder

eine leichtfaßliche und bewährte

Anweisung,

auf die vortheilhafteste und schmackhafteste Art

die

Fleisch- und Fastenspeisen

zu kochen, zu backen und einzumachen;

Tafeln nach der neuesten Art zu decken;

nebst vielen andern nützlichen, in der Haushaltung oft unentbehrlichen Sachen, durch vieljährige Erfahrung erprobt und verfaßt

von

Magdalena Dob. Rettig.

Sechste vermehrte Auflage.

Königgräz 1852.

Gedruckt bei Johann H. Pospjšil, wirkendem Mitgliede des böhmischen National-Museums.

Das Kochbuch der Dobromila Rettigová erlebte viele Auflagen – ein Beweis, wie sehr man die böhmische Küche schätzte.

Linzerteig von Gansfett (um 1880)

4 dl Mehl
1 Ei
3 hartgekochte Dotter
Salz
Zitronenschale
10 dag Zucker
17 dag festes Gansfett
Wasser und Essig
Ei zum Bestreichen
Mandeln zum Bestreuen

- ✻ Mehl auf ein Brett geben;
- ✻ Ei, Dotter, Salz, Zitronenschale, Zucker und Gansfett dazugeben und alles mit halb Wasser halb Essig zu einem Teig abarbeiten;
- ✻ den Teig halbfingerdick auswalken, Formen ausstechen, mit Ei bestreichen, mit Mandeln bestreuen und backen.

Das Böhmische Kochbuch (ohne Jahr)[176] dokumentiert vermutlich die Erfindungsgabe der

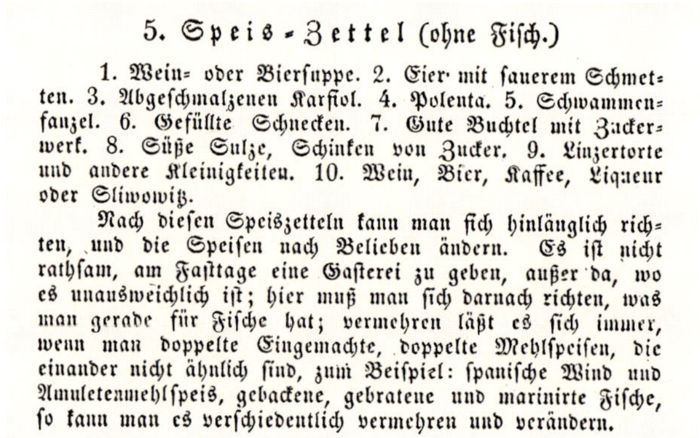

5. Speis-Zettel (ohne Fisch.)

1. Wein- oder Biersuppe. 2. Eier mit sauerem Schmetten. 3. Abgeschmalzenen Karfiol. 4. Polenta. 5. Schwammensanzel. 6. Gefüllte Schnecken. 7. Gute Buchtel mit Zuckerwerk. 8. Süße Sulze, Schinken von Zucker. 9. Linzertorte und andere Kleinigkeiten. 10. Wein, Bier, Kaffee, Liqueur oder Sliwowitz.

Nach diesen Speiszetteln kann man sich hinlänglich richten, und die Speisen nach Belieben ändern. Es ist nicht rathsam, am Fasttage eine Gasterei zu geben, außer da, wo es unausweichlich ist; hier muß man sich darnach richten, was man gerade für Fische hat; vermehren läßt es sich immer, wenn man doppelte Eingemachte, doppelte Mehlspeisen, die einander nicht ähnlich sind, zum Beispiel: spanische Wind und Amuletenmehlspeis, gebackene, gebratene und marinirte Fische, so kann man es verschiedentlich vermehren und verändern.

Auf vielen Speisenzetteln ist die Linzer Torte zu finden. Im Rettig-Kochbuch ist sie unter Punkt 9 „Linzertorte und andere Kleinigkeiten" genannt.

böhmischen Köchin in Notzeiten oder ihre Vertrautheit mit dem Geschmack des Gänsefettes. In den Teichen Südböhmens wurden nicht nur die beliebten böhmischen Karpfen gezogen, unzählige Gänse erfreuten sich dereinst mit Schnattern ihres Lebens.
Das Rezept habe ich aus Mangel an Gänsefett nicht ausprobiert.

„Echte Linzer Torte" – nach einem Rezept der Deutschen Kochschule in Prag (1907)

28 dag Butter
3 gekochte Eidotter
3 rohe Eidotter
28 dag Zucker
28 dag Mehl
Schale einer Zitrone

- Aus den Zutaten einen mürben Teig abarbeiten;
- in zwei ungleiche Teile teilen;
- aus dem größeren Teil eine Scheibe machen, aus dem kleineren Teil den Rand und ein Gitter;
- mit zerklopftem Ei bestreichen und backen;
- in die Vertiefungen zwischen dem Gitter abwechselnd dunkles und helles Eingesottenes füllen.

Es ist dies ein Kochbuch, nach dem die Mutter Sigmund Freuds gekocht hat. Das Rezept weicht von anderen nur insoweit ab, als die Torte erst nach dem Backen die Marmeladefülle zwischen das Gitter bekommt – und zwar in zweierlei Farben – und daß die Mandeln fehlen.
Im übrigen enthält dieses Kochbuch als nächste Nummer nach der Linzer Torte die „Zach Torte aus Linz". Die Konditorei Zach an der Linzer Promenade, gegenüber dem Landhaus, hatte im 19. Jahrhundert einen besonders guten Ruf. Es gibt sie leider nicht mehr.[177]

DEUTSCHLAND

Ein Linsen Dorten – aus dem Kochbuch der Maria Anna Barxlin (1715)

1/2 Pfund Mandeln
1/4 Pfund feiner Zucker
1/2 Pfund Butter
8 Eier
Schale einer Zitrone
(Vorsicht: Mehlangabe fehlt)

Nimm 1/2 lb abgezogene Mandel, 1/4 Zucker, stoße es klein, nimm 1/2 Butter, rühre ihn mit 8 Ayer an, nime die Schallen von einer Citeronen klein geschnitten dazu, rühre alles mit einander wohl, schitte es in einen Reif, laße es schön gelb bachen, ziere es mit was du willst.

Dies ist das älteste Rezept der Linzer Torte, das ich bisher auf deutschem Boden finden konnte und stammt aus Freiburg i. Br. aus dem Jahr 1715.[178] Es ist eine Handschrift, in der die Mengenangabe für Mehl fehlt. Das Bild zeigt das Original. Über dieses Kochbuch ist auch eine wissenschaftliche Abhandlung erschienen.[179]

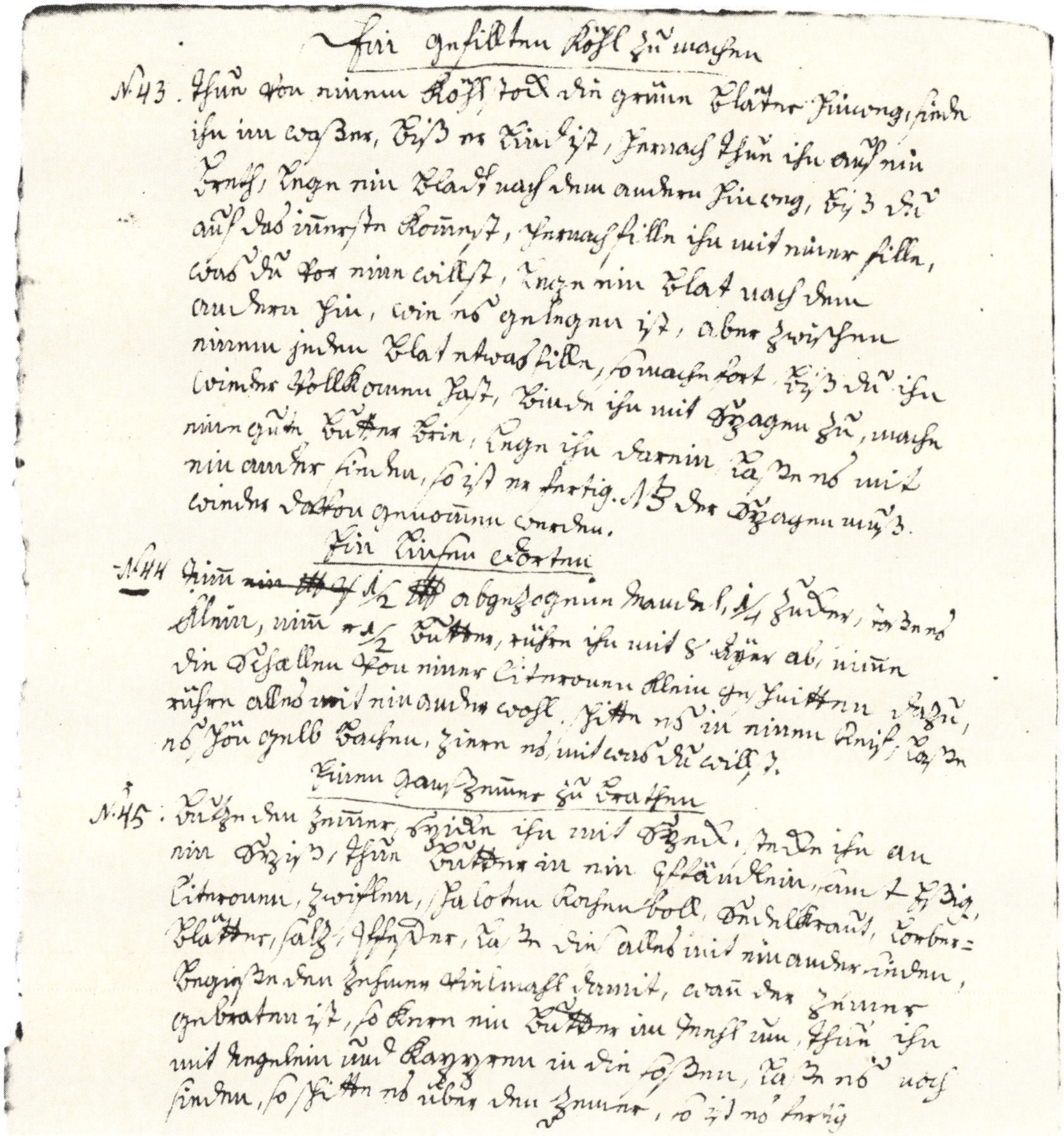

„Die Linsen Dorten" aus dem Kochbuch der Maria Anna Barxlin (1715) ist das älteste Rezept für eine Linzer Torte, das bisher in Deutschland zu finden war. Es stammt aus der Gegend von Freiburg im Breisgau.

Linzer Torte – wie sie 1826 in Berlin das Licht der Küche erblickt hat.

3/4 Pfund Butter
12 Eidotter
3/4 Pfund Zucker
1 Pfund geschälte, gestoßene Mandeln
1 Loth Zimt
abgeriebene Schale einer Zitrone
6 Loth Stärke- oder Kartoffelmehl
4 Eiklar
Eingemachtes

- ✻ Die Butter sehr schaumig rühren und nach und nach die Eidotter und den Zucker dazugeben;
- ✻ dann die Mandeln beifügen und noch eine halbe Stunde rühren;
- ✻ Zimt, Zitronenschale, Mehl und den Eischnee unterziehen;
- ✻ die Hälfte der Masse in eine mit Butter bestrichene Form füllen, eingemachte Früchte darauflegen und die andere Hälfte der Masse löffelweise darüber verteilen;
- ✻ die Torte glattstreichen und langsam backen.

„Die besorgte Hausfrau in der Küche, Vorratskammer und dem Küchengarten"[180] heißt dieses Werk von Carolina Eleonore Grebitz, in dem dieses substanzreiche Rezept mit der reichlichen Mandelzugabe und der etwas unüblichen Beigabe von Kartoffelmehl enthalten ist – ich habe es nicht ausprobiert.

Kriegslinzertorte – aus dem Kochbuch der Emma Faißt (Ulm 1919)

2 Tassen Haferflocken
5 dag Fett oder Butter
2 Tassen Kriegsmehl
1 Tasse gestoßener Zucker
10 dag geriebene Schokolade
2 Eßlöffel Rahm
6 Eßlöffel Milch
Zimt, Nelkenpulver
abgeriebene Schale einer Zitrone
1 Backpulver

- ✻ Haferflocken in Fett leicht anrösten;
- ✻ alle Zutaten auf einem Backbrett zu einem glatten Teig abarbeiten und über Nacht ruhen lassen;
- ✻ den Teig ausrollen und einen halbfingerdicken Boden ausschneiden;
- ✻ den Rand mit Eiklar bestreichen und das Innere mit Marmelade überziehen;
- ✻ aus dem übrigen Teig Streifen oder sonstige Verzierungen darauflegen;
- ✻ die Torte mit Eidotter bepinseln und bei mäßiger Hitze langsam backen.

Der Krieg spiegelt sich auch in den Kochbüchern wider und macht die Hausfrauen erfinderisch.

Hier ein Rezept mit Haferflocken und „Kriegsmehl", vermutlich schwarzes Mehl, aus der Zeit unmittelbar nach dem Ersten Weltkrieg. Es verwundert nur, daß die Autorin annimmt, die Köchinnen hätten bereits Schokolade, Rahm und Zitronen zur Hand. Das Buch ist zwar in Karlsruhe erschienen, die Verfasserin war jedoch Vorsteherin der Kochschule des Luisen-Frauen-Vereins in Freiburg im Breisgau.[181]

Schon früh hat der Wiener Koch F. G. Zenker[182] in seinen Büchern auf den „Gâteau à la Madelaine" hingewiesen, den er mit der Linzer Torte vergleicht. Inzwischen ist die Linzer Torte längst auch schon in Frankreich heimisch geworden. Vor allem im Elsaß ist sie gang und gäbe. Dort wird sie sowohl mit dem Gitter als auch mit ausgestochenen Teigstücken in verschiedenen Formen am Rand verziert, während die Mitte mit der Konfitüre unbedeckt bleibt.

Ein großes französisches Nachschlagewerk trägt mit seinen Ausgaben in französischer und englischer Sprache zur weltweiten Verbreitung der Linzer Torte bei. Die Ingredienzen entsprechen durchaus unserer Linzer Torte. Es wird übrigens geraten, vor dem Aufbringen der Marmelade den Teigboden mit einer Gabel einzustechen. Nach dem Backen wird das Teiggitter noch aprikotiert, eine Methode, die auch in modernen deutschen Konditor-Fachbüchern angewendet wird.[183] In Österreich ist das kaum gebräuchlich, hier ziert man den Tortenrand mit gehobelten Mandeln.

Linzer Torte – wie sie 1960 in einer französischen Frauenzeitung angepriesen wurde.

14 dag Butter
14 dag Zucker
14 dag geriebene Mandeln
7 dag geriebene Schokolade
28 dag Mehl
2 Eidotter
1 Orange oder Zitrone, Saft und Schale
1 Kaffeelöffel Zimt
1 Suppenlöffel Rum
1 Prise Salz
1 Glas Himbeermarmelade

- Erweichte Butter und Zucker in einer Schüssel abtreiben;
- der Reihenfolge nach alle anderen Zutaten beimischen;
- 3/4 der Masse in eine befettete Tortenform (28 cm Durchmesser) geben;
- Himbeermarmelade daraufstreichen;
- aus dem restlichen Teig bleistiftdicke Stäbchen formen und gitterförmig auf die Torte legen;
- im vorgeheizten Rohr bei mittlerer Hitze ungefähr 50 Minuten backen, ohne Farbe annehmen zu lassen.

Die Himbeermarmelade als Zutat läßt darauf schließen, daß das Rezept aus Baden über den Rhein gewandert ist. Es ist jenes Rezept, von dem die Einsenderin meint, die Linzer Torte habe ein Konditor namens Linzer in Bad Ischl erfunden.[184]

HONGKONG

Ein Kuriosum hat mir ein lieber Bekannter zukommen lassen. Kurios ist nicht das Rezept an sich, es ist unser Gleichschwerrezept, aber es ist spanisch geschrieben, stammt also aus einem spanischen Kochbuch, dessen Titel ich leider nicht mitgeliefert bekam. Verfasser des Rezeptes ist Beat Löffel – es kann sich dem Vornamen nach nur um einen Schweizer handeln –, der Chef-Patissier im Hyatt Regency-Hotel in Hongkong ist. Internationaler geht es wohl kaum![185]

Eine liebe Clubschwester vom Soroptimist-Club Linz berichtete mir, sie habe im Hyatt-Bali eine gute Linzer Torte verspeist.[186]

Die Linzer Torte ist heute auch in Rom zu kaufen.[187] In Oberitalien ist sie natürlich schon lange zu Hause, erst recht in Südtirol, von wo wir ein Rezept bringen. Es wird sogar erzählt, die Torte käme aus Mantua.[188]
Jedenfalls haben sich in Wien Speisezettel „Für die Hofcontrolor Tafel, dann Haus Offiziere (= Beamte), und Dienerschaft" für die Mittagstafel am 25. August 1836 in Venedig erhalten, auf denen als „Bäckerey" Linzer Torte vorgesehen ist.[189] Wenn schon Beamte aus den österreichischen Stammlanden in einer ihnen fremden Umgebung leben mußten, so sollten sie wenigstens einiges aus ihrer heimischen Küche vorgesetzt bekommen. Da war man auch beim Heer darauf bedacht. Allerdings: Linzer Torten gab es in der Mannschafts-Menage nicht, aber in den sonstigen Mehlspeisen trachtete man auf die Herkunft der Mannschaft Rücksicht zu nehmen.[190] Nach dem Motto „Bona culina, bona disciplina" (Gute Küche, gute Disziplin), wie es im Speisenbuch des Stiftes Zwettl steht.[191]

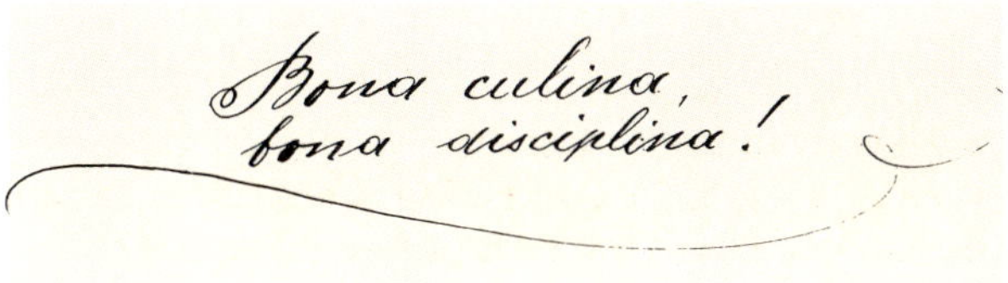

Linzer Torte – vom Zuckerbäcker Reuß in Brixen um 1860

1/2 Pfund Butter
1/2 Pfund Zucker
1/2 Pfund abgezogene, gestoßene Mandeln
3/4 Pfund Mehl
3 Eier
6 Dotter
Zimt, Zitronenschale, Marmelade

* Die Butter schaumig rühren, dann Zucker und Dotter beifügen;
* die Mandeln, die Eier und zuletzt das Mehl dazugeben und die Masse ständig rühren, damit sie weich bleibt;
* mit Zimt und Zitronenschalen würzen;
* die Masse auf Oblaten streichen, eine Oblate darauflegen, mit Marmelade bestreichen, darauf wieder von der Masse streichen, einen Reif darumlegen und backen;
* mit Wasserglasur glasieren, mit Eis verzieren und in die Mitte einen Stern von Zitronat und Quittenkäse oder Marmelade geben.

Das Rezept, dessen besondere Verzierung auf ein Konditor-Rezept hinweist, steht im Kochbuch der Josefa Hubka, geborene Schöch, einer Enkelin

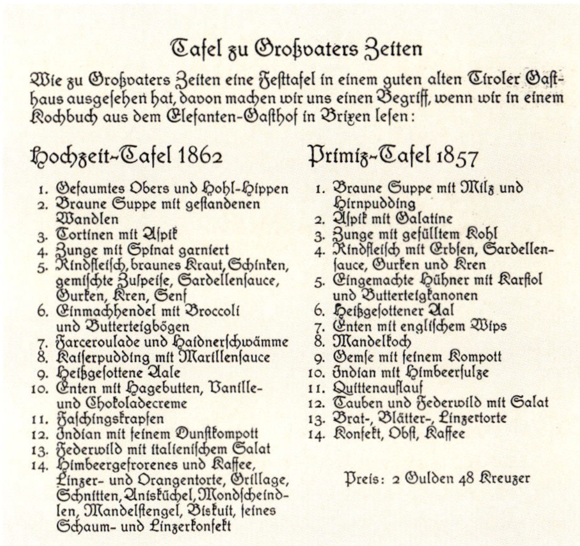

Tafel zu Großvaters Zeiten

Wie zu Großvaters Zeiten eine Festtafel in einem guten alten Tiroler Gasthaus ausgesehen hat, davon machen wir uns einen Begriff, wenn wir in einem Kochbuch aus dem Elefanten-Gasthof in Brixen lesen:

Hochzeit-Tafel 1862

1. Gefaumtes Obers und Hohl-Hippen
2. Braune Suppe mit gestandenen Wandlen
3. Tortinen mit Aspik
4. Zunge mit Spinat garniert
5. Rindfleisch, braunes Kraut, Schinken, gemischte Zuspeise, Sardellensauce, Gurken, Kren, Senf
6. Einmachhendel mit Broccoli und Butterteigbögen
7. Farceroulade und Haidnerschwämme
8. Kaiserpudding mit Marillensauce
9. Heißgesottene Aale
10. Enten mit Hagebutten, Vanille- und Chokoladecreme
11. Faschingskrapfen
12. Indian mit feinem Dunstkompott
13. Federwild mit italienischem Salat
14. Himbeergefrorenes und Kaffee, Linzer- und Orangentorte, Grillage, Schnitten, Anisküchel, Mondscheindlen, Mandelstengel, Biskuit, feines Schaum- und Linzerkonfekt

Primiz-Tafel 1857

1. Braune Suppe mit Milz und Hirnpudding
2. Aspik mit Galatine
3. Zunge mit gefülltem Kohl
4. Rindfleisch mit Erbsen, Sardellensauce, Gurken und Kren
5. Eingemachte Hühner mit Karfiol und Butterteigkanonen
6. Heißgesottener Aal
7. Enten mit englischem Wips
8. Mandelkoch
9. Gemse mit feinem Kompott
10. Indian mit Himbeersulze
11. Quittenauflauf
12. Tauben und Federwild mit Salat
13. Brat-, Blätter-, Linzertorte
14. Konfekt, Obst, Kaffee

Preis: 2 Gulden 48 Kreuzer

Speisenverzeichnisse, auf denen Linzer Torten angeführt sind.

von Roman Mayr, Wirt „Zum Elefanten" in Brixen, wo die Kochbuchschreiberin kochen gelernt hat, bevor sie sich 1872 verheiratete.
In diesem Kochbuch ist auch ein Speisezettel der bischöflichen Hofküche zu Linz enthalten, den jemand von Linz nach Brixen gebracht haben muß, zumal die Autorin nicht in Linz gelebt hat. Es versteht sich von selbst, daß auch in der bischöflichen Hofküche zu Linz Linzer Torte serviert wurde.[192]

POLEN

Aus Polen konnte ich nur erfahren, daß dort die Linzer Torte in einem Kochbuch von 1910 zum ersten Mal zu finden ist, in einem aus 1885 ist sie noch nicht enthalten. Hier wäre also noch ein Gebiet unerforscht.[193]

RUMÄNIEN

Die Verhältnisse im Südosten haben es seit jeher erschwert, Forschungen über traditionelle Rezepte anzustellen. Anfragen an Bibliotheken und Archive haben zumeist ergeben, daß wenige Bestände die kriegerischen Ereignisse überstanden haben. An private Kochbücher war von der Ferne auch nicht heranzukommen; es wäre eine Zumutung gewesen, Notleidende nach Kochrezepten zu befragen.
Ein altes konnte ich durch Vermittlung einer hilfsbereiten Dame doch entlehnen: Das Kochbuch der Susanne Michel, geb. Ehling, aus Perjamosch, begonnen am 19. Dezember 1876.[194] Es enthält nicht weniger als vier „Linzer" Rezepte, zwei für Linzer Teig und zwei für die Linzer Torte, beides sind Gleichschwerrezepte, eines ohne Ei, eines mit Ei.
Daß man am Königshof in Rumänien die Linzer Torte kannte und Kaiserin Elisabeth von dort ein Rezept mitbrachte, darf nicht verwundern, war doch Königin Elisabeth von Rumänien eine geborene Fürstin zu Wied, und ihr Gatte, König Carol, entstammte einem deutschen Herrschergeschlecht, den Hohenzollern.

SAUDI-ARABIEN

Daß Linzer Torten auch am Persischen Golf verbreitet werden, mag eine kleine Zeitungsnotiz aus dem Jahre 1981 beweisen:
„Ein Linzer will den Saudis zeigen, was österreichische Küche ist: Erwin Kneifel (55), der am Persischen Golf eine Bäckerei mit österreichischen Spezialitäten betreibt, ist Initiator einer Österreich-Woche in einem saudiarabischen Luxushotel. Der Speisezettel ist bereits erstellt: Die staunenden Öl-Herren können unter anderem Eiernockerln, Tafelspitz, Fiakergulasch und Linzer Torte genießen. Wenn ihnen da nicht das Herz für Österreich aufgeht, ist ihnen auch nicht mehr zu helfen …"[195]

Linzer Torte (Linz-tårta) aus einem schwedischen Kochbuch von 1891

12 dag abgezogene Mandeln
12 dag Mehl
3 Eidotter (hart)
12 dag Butter
12 dag Zucker
1,5 dag Zimt
15 Gewürznelken
Muskatnuß
Zitronenschale
1 Eidotter (roh)
5 cl Schlagobers
4 Eiklar
Marmelade

❋ Die Hälfte der Mandeln im Mörser reiben, die zweite Hälfte fein hacken;
❋ Mehl mit den Mandeln vermischen;
❋ Dotter mit Butter im Mörser zerstoßen;
❋ auf einem Backbrett alles mit den feingestoßenen Gewürzen, dem rohen Eidotter und dem Obers gut verarbeiten und so wenig wie möglich kneten;
❋ den Teig ausrollen und in Böden schneiden;
❋ diese mit geschlagenem Eiklar bestreichen und im nicht zu heißen Rohr backen;
❋ vor dem Servieren die Böden mit Marmelade zusammensetzen.

Das Backen in Blättern ist für die Linzer Torte ungewöhnlich und zeigt Parallelen zu dem Rezept aus St. Veit an der Glan.
In diesem schwedischen Kochbuch von Hagdahl gibt es zwei Linzer-Torten-Rezepte.[196] Das erste ist hier angeführt und hat einen sehr netten Nachsatz: „Der Name (der Torte) leitet sich her von der Stadt Linz, berühmt für feines Backwerk und seine Junofiguren.“ Der Ruf der schönen Linzerin mit ihrer klassischen Figur war also um diese Zeit in Schweden noch lebendig.
Und weil es ohne französische Bezeichnung nicht abgegangen ist, heißt die hier abgedruckte Backanweisung „Gâteau frolle à la napolitaine“ und die als „Brun Linz-tårta“ bezeichnete „Gâteau frolle à la florentine“.

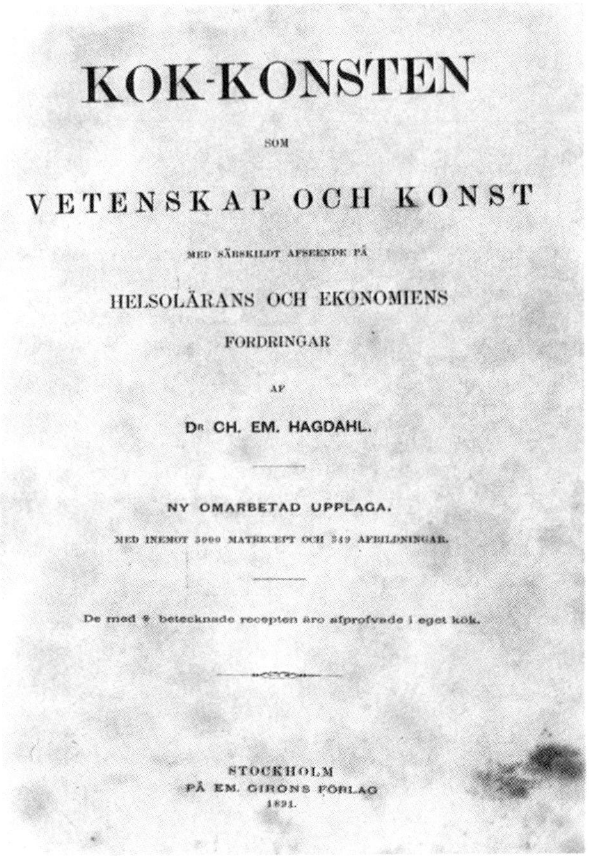
KOK-KONSTEN
SOM
VETENSKAP OCH KONST
MED SÄRSKILDT AFSEENDE PÅ
HELSOLÄRANS OCH EKONOMIENS
FORDRINGAR
AF
Dr CH. EM. HAGDAHL.
NY OMARBETAD UPPLAGA.
MED INEMOT 3000 MATRECEPT OCH 349 AFBILDNINGAR.
De med * betecknade recepten äro afprofvade i eget kök.
STOCKHOLM
PÅ EM. GIRONS FÖRLAG
1891.

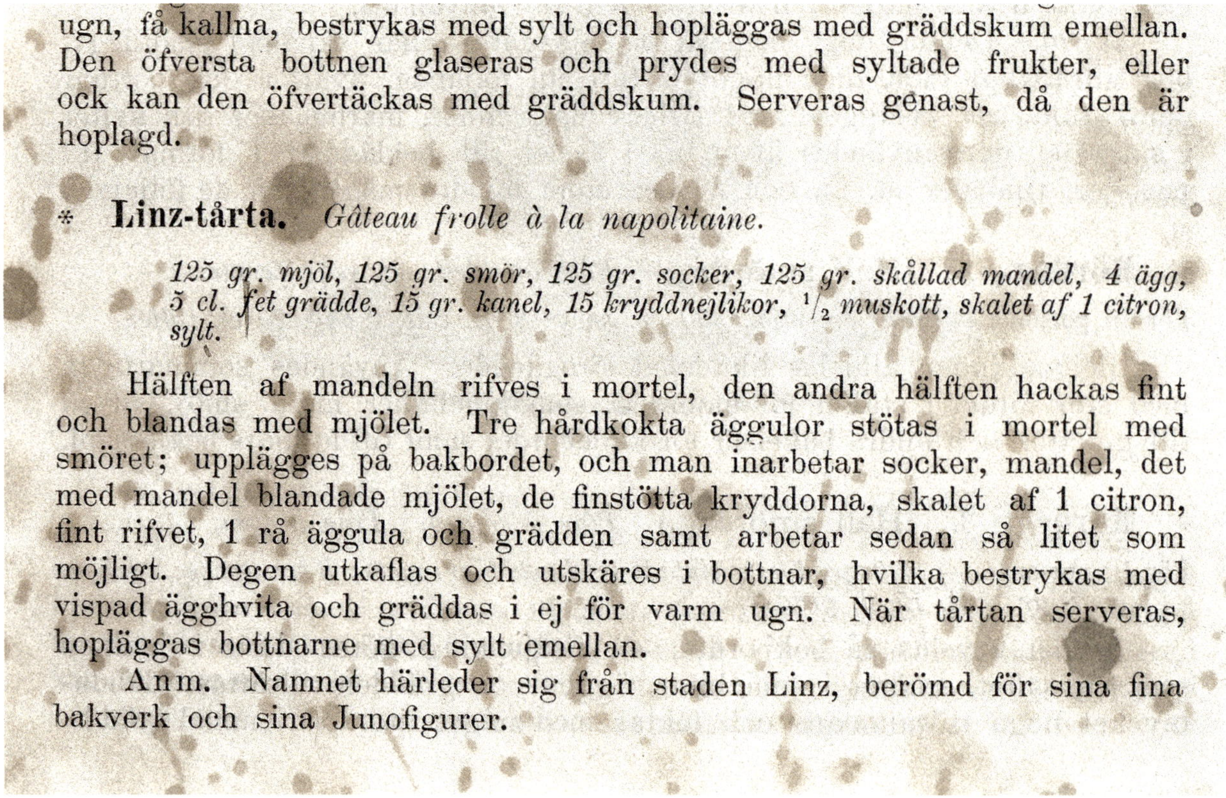

ugn, få kallna, bestrykas med sylt och hopläggas med gräddskum emellan. Den öfversta bottnen glaseras och prydes med syltade frukter, eller ock kan den öfvertäckas med gräddskum. Serveras genast, då den är hoplagd.

* **Linz-tårta.** *Gâteau frolle à la napolitaine.*

125 gr. mjöl, 125 gr. smör, 125 gr. socker, 125 gr. skållad mandel, 4 ägg, 5 cl. fet grädde, 15 gr. kanel, 15 kryddnejlikor, 1/2 muskott, skalet af 1 citron, sylt.

Hälften af mandeln rifves i mortel, den andra hälften hackas fint och blandas med mjölet. Tre hårdkokta äggulor stötas i mortel med smöret; uppläggas på bakbordet, och man inarbetar socker, mandel, det med mandel blandade mjölet, de finstötta kryddorna, skalet af 1 citron, fint rifvet, 1 rå äggula och grädden samt arbetar sedan så litet som möjligt. Degen utkaflas och utskäres i bottnar, hvilka bestrykas med vispad ägghvita och gräddas i ej för varm ugn. När tårtan serveras, hopläggas bottnarne med sylt emellan.

Anm. Namnet härleder sig från staden Linz, berömd för sina fina bakverk och sina Junofigurer.

Das schwedische Rezept mit dem Lob der berühmten Linzer Backwerke und der schönen Linzerinnen.

SCHWEIZ

Die Linzer Torte und ihr Verhältnis zur Schweiz wird noch einmal ein eigener Forschungsgegenstand mit Studium vor Ort sein müssen. Der älteste Hinweis, vermutlich aus 1819, stammt aus einem „Verzeichnis verschiedener auf Bestellung gefertigter Patisserie-Artikel von Johann Habicht zur Hutte.“ Dort heißt es: „Linsentorten trokene Mandelmasse in Abteilungen mit verschiedenen Früchten garniert.“ Die Familie Habicht, jetzt Familie Rohr, war seit Generationen Zucker- und Pastetenbäcker in Schaffhausen. Wie mir meine Gewährsfrau, ein Mitglied der Familie, mitteilt, macht sie kein Gitter, sondern legt als Rand ausgestochene Plätzchen übereinander, eine Art von Verzierung, wie sie auch im Elsaß gebräuchlich ist.[197]

Den nächstältesten Nachweis enthält „Das neue Berner Kochbuch“ von 1835 (Seite 224). „Der

Schweizerzuckerbäcker", Weimar 1852, kennt neben unserer Torte noch andere Linzer Spezialitäten. Der Ruhm der Linzer Küche hatte die Schweiz voll erreicht.[198] Schon vor Mitte des 19. Jahrhunderts muß unsere Süße zum Allgemeingut der Schweizer Konditoreien gehört haben, wie auch die folgenden Rezepte beweisen:

„Linser Torte" aus der Konditorei H.Glatthart, Schaffhausen, vor 1856

„Obiger Teig wird ausgerollt und in Cercle abgeschnitten und mit Confiture framboises gefüllt, gebündelt, angestrichen und mit Gellee glasirt.
1 1/2 Pfd. Mehl, 1 Pfd. Butter, 1 Pfd. Zucker, 1/2 Pfund Mandeln mit 3 Eiern gerieben, Zitrone, Zimt, Nelken, zu Teig ausgerollt."

Das Rezept ist, was die Form betrifft, etwas unklar, eben nur für Eingeweihte bestimmt. Der Teig wird also in Kreise geschnitten, mit Himbeermarmelade gefüllt, gebündelt (soll es etwa „gebändelt" heißen – mit Teigbändern überzogen?).

Dieses Rezept stammt aus dem Rezeptbuch des berühmten Ulmer Cafetiers Max Gindele, der 1856 um die Konzession zur Eröffnung eines Cafés angesucht und etwas später auch erhalten hat. Das Café besteht heute noch. Gindele lernte in Stuttgart, Basel, Aarau, La Chaudefonds, Bern, Paris, Troyes, Hamburg, Halle, Berlin und Köln. Er führte von mehreren dieser Orte die „Linser Torte" an. Eines dieser Rezepte stammt auch aus der Konditorei Wolf in Schaffhausen. Daneben notierte Gindele auch Linzerkrapfen und Linzerblätter (diesmal mit „z").
Diese Aufzeichnungen beweisen, wie weit damals ein Konditorgeselle herumgekommen ist

MENUBUCH
DES
SCHWEIZERISCHEN
WIRTE-VEREINS

828 MENUS
IN DEN GANGBARSTEN PREISLAGEN
MIT KOSTENBERECHNUNG

VERLAG DES SCHWEIZERISCHEN WIRTEVEREINS
ZÜRICH 1910

– und wie weit die Linzer Torte schon außerhalb Österreichs verbreitet war.[199]
Da die Torte im Freiburger Gebiet bereits 1715 bekannt war, ist anzunehmen, daß sie ihren Weg aus Vorderösterreich in die Schweiz genommen hat. Nicht nur in den privaten Küchen und den Konditoreien ist sie eingekehrt, auch im Gastge-

Sonntag.

20 NACHTESSEN à Fr. 1.50.

Menu:

Geröstete Brotsuppe
Kalbsschnitzel naturelle
Risotto
Linzertorte.

Kostenberechnung:

	Fr.
Suppe	—.95
Kalbfleisch: 4 Kilos à Fr. 2.40, Fr. 9.60, Butter 50 Cts. .	10.10
Gewürz, Mehl etc.	—.50
Risotto: $1^{1}/_{2}$ Kilo Reis à 40 Cts., 60 Cts., Butter 40 Cts. .	1.—
Safran, Käse, Bouillon	1.70
Dessert: 2 Torten à Fr. 2.—	4.—
Diverses: 20 Brot Fr. 1.—, 20 Servietten Fr. 1.— . .	2.—
Tischtücher 70 Cts., allgemeine Unkosten Fr. 5.— . .	5.70
Ausgaben .	25.95
Reingewinn	4.05
Total .	30.—

werbe ist die Linzerin als Dessert aufgenommen worden, das „Menubuch des Schweizerischen Wirte-Vereins", Zürich 1910, Seite 349 und 355, beweist es.

20 MITTAGESSEN à Fr. 2.—.

Menu;

Einlaufsuppe
Gefüllte Kalbsroulade
Rübli, Ofenkartoffeln
Gebratene Güggeli, Salat
Linzertorte.

Kostenberechnung:

	Fr.
Suppe	1.57
Kalbsroulade: $2^{1}/_{2}$ Kilo Brust à Fr. 2.40, Fr. 6.—, Brot 20 Cts. .	6.20
Butter, Eier, Gewürz 50 Cts., Fett, Jus, Gewürz 60 Cts. .	1.10
Rübli: 4 Kilos à 15 Cts., 60 Cts., Butter, Gewürz, Bouillon 40 Cts.	1.—
Kartoffeln: 6 Kilos à 7 Cts., 42 Cts., Butter, Gewürz etc. 80 Cts. .	1.22
Güggeli: 5 Stück italienische à Fr. 2.—, Fr. 10.—, Fett, Gewürz Jus 80 Cts.	10.80
Salat: 5 Stück à 15 Cts., 75 Cts., Oel, Essig etc. 50 Cts. .	1.25
Dessert: 2 Torten à Fr. 1.80	3.60
Diverses: 20 Brot Fr. 1.—, 20 Servietten Fr. 1.—, Tischtücher 70 Cts. .	2.70
Heizung Fr. 1.—, allgemeine Unkosten Fr. 8.— . .	9.—
Ausgaben .	38.44
Reingewinn	1.56
Total .	40.—

Wie es heutzutage um die Liebe der Schweizer zur Linzer Torte steht, möge ein Eidgenosse selber schildern: „Es gibt eine Internationale der Torten, die auf dem Dreiklang beruht: Sacher – Schwarzwälder – Linzer. Zum Ruhm der Sachertorte mag der generationenlange Patentstreit zwischen den Wiener Institutionen Café ‚Demel' und Hotel ‚Sacher' um ‚die Echte' beigetragen haben. Auf Rahm hingegen gründet der Ruhm der schnapsigen Schwarzwälder Kreation, die von Psychoanalytikern zudem als ersatzweises Lustobjekt allzu üppig ins Fleisch geschossener Damen bezeichnet wird… Weit weniger marktschreierisch ist das Wesen der Linzertorte. Sie gibt sich eher beiläufig, vornehm zurückhaltend bei gleichzeitiger Allgegenwart. Der in kaum einer Confiserieauslage fehlende Linzerraster bleibt sozusagen im Vorbeigehen auf der Netzhaut hängen – ein Prototyp der Schleichwerbung.

Aus was eine Linzer Torte besteht, schnurrt jeder Konditor etwa so herunter: je 200 Gramm Butter, Zucker, Mehl, geriebene Mandeln, Hasel- und Walnüsse, ein Ei, ein Gläschen Kirsch, ein Eßlöffel Kakao, etwas Zimt, gemahlene Nelke, fünf große Eßlöffel Johannisbeer- oder Himbeerkonfitüre. Backen zwischen 180 und 200 Grad. Wenn fertig drei bis 5 Tage ruhenlassen." Doch der begeisterte Linzer-Torten-Preiser meint dazu: „Sie muß nicht fünf Tage, sondern drei bis vier Wochen in einem kühlen, nicht trockenen Raum gelagert werden. Gut Ding will Weile haben, die Linzer ist eine Torte mit Langzeiteffekt. Wer jemals gegen 30 solche vertilgungsreife Linzertorten vor sich hinduftend versammelt sah, wie ich im Kellergewölbe des großväterlichen Hauses, ist für sein Leben gezeichnet!"[200]

Zu dem hier angegebenen Rezept muß ich eine Warnung aussprechen: Es können nicht je 200

Gramm Mandeln, Nüsse und Haselnüsse sein, sondern 200 g von einer dieser Nußarten! Das tut jedoch dem sonstigen Wahrheitsgehalt des Artikels keinen Abbruch.

Zur Ehre Österreichs sei besonders betont, daß alle drei der „Internationale der Torten" im Grunde aus Österreich stammen; schließlich gehörte auch der Schwarzwald dereinst zu Österreich.

Die Schweizer waren schon immer auf Eigenständigkeit bedacht, und deshalb haben sie auch eine besondere Art der Linzer Torte hervorgebracht. Im Kochbuch des Salesianums Zug (1913) ist dieses ungewöhnliche Rezept zu finden:

Linzer Torte mit Mandelfülle

25 dag Mehl
13,5 dag Butter
13,5 dag ungeschälte Mandeln oder Haselnüsse
12 dag Zucker
1 Messerspitze Triebsalz
1 Messerspitze Zimt
1/2 Messerspitze Nelkenpulver
etwas Muskatnuß
1 1/2 bis 2 Eier
Himbeermarmelade
13 dag ungeschälte, gemahlene und gesiebte Mandeln
13 dag Zucker
Rahm

- In obiger Reihenfolge auf dem Brett einen Teig machen;
- die Hälfte des Teiges ausrollen und in eine ausgestrichene Form geben;
- Himbeermarmelade darauf verteilen;
- aus Mandeln, Zucker und Rahm eine ziemlich weiche Masse arbeiten;
- diese auf die Marmelade streichen, den Rest des Teiges ausrollen und als Deckel darauflegen;
- die Torte bei Mittelhitze backen und eventuell mit Vanille- oder Zitronenglasur überziehen.

In den neueren Kochbüchern taucht eine St.-Galler-Kloster-Torte auf, die der Linzer Torte gleicht.[201] Auf eine Anfrage nach der Torte im Stiftsarchiv St. Gallen meinte der Herr Stiftsarchivar, „daß mir unter den Beständen des Stiftsarchivs St. Gallen keine Archivalien bekannt sind, in welchen die Linzer Torte oder eine St. Galler Klostertorte erwähnt sind … in den Geschichtsquellen bin ich jedoch nie auf diesen Begriff gestoßen."[202]

Linzer Torte aus St. Gallen (Schweiz) um 1850

1 Pfund Butter
1 Pfund Zucker
3/4 Pfund Mandeln
1 Pfund Mehl
14 Eier
Eingemachtes

Dieses Rezept findet man in den Aufzeichnungen des jüdischen Cafetiers Isidor Adler aus Laupheim, der unter anderem in St. Gallen gelernt hat.[203]

Alte Kochbücher in Ungarn zu finden ist nahezu unmöglich. Kriegerische Ereignisse, wie die Türkeneinfälle und -besatzungen, aber auch spätere Invasionen haben vieles in Asche verwandelt, was von der Vergangenheit künden könnte.

Das älteste, leider nicht genau datierbare Rezept der Linzer Torte auf ungarischem Boden findet sich in einer Handschrift aus der Zeit um 1810 im Stift Pannonhalma. Es deutet jedoch vieles darauf hin, daß es sich um die Abschrift einer älteren Backvorschrift handelt.

Die Lintzer Dorten – in einer Handschrift im Stift Pannonhalma um 1810

Nimb 3/4 süßen Butter, dreib ihn ein wenig ab, nimb hernach auch soviell Mandl, riehrs auch in den butter, nimb auch 3/4 mehl, und so vill zugger, mischs vnter einander, nimb die hälfte von mehl, und zugger, rihrs unter die mandl und butter, nimb ein blathl, und belegs mit oblathen, nimb von den angemachten taig die helfte, auf ein Brettel, walge kleine flekhl daraus, einen kleinen finger dikh, legs auf das plattel, so mit oblath belegt ist. die helfte von dem Meel und Zugger muest du zum ausmachen brauchen, dann es mues nichts übrig bleiben, fiehle drain, waß due wilst, von der anderen helfte des taigs mache Stangl darüber, mache einen Ranft vmb die dorten, mache ein papier auch herumb, und schmiers mit butter. Bach es gantz gemach, und nicht zu Praun.[204]

Linzer Torte mit gestoßenem Sandelholz, Pest und Wien 1862[205]

Reibe 1/2 Pfund geschälte Mandeln mit 2 ganzen Eiern recht fein; würze nun einen Teig mit den Mandeln, 3/4 Pfund Butter, 3/4 Pfund feingestoßenem Zucker, 5/4 Pfund Mehl, etwas gestoßenem Sandel, 2 Eiern, Zitronenschale, Zimmt, Nelken. Mache einen runden Tortenboden, fülle darauf feine Marmelade oder Gelee, lege ein Gitter darüber, mache einen Rand und streiche mit Eigelb an.

Eines der seltenen Rezepte der Linzer Torte, die Sandelaroma empfehlen.

Linzer Torte aus Ödenburg (1884), wo sie für Kaiser Franz Joseph I. gebacken wurde.

28 dag Butter
28 dag Zucker
28 dag Mehl
28 dag feingeschnittene, geschwellte Mandeln
Zimt und Gewürznelken
Zitronenschalen
2 Eier

- ✻ Aus den Zutaten einen Teig abarbeiten;
- ✻ in zwei Teile teilen und die eine Hälfte in eine Tortenform drücken;
- ✻ eine Fülle daraufstreichen;
- ✻ von der zweiten Hälfte ein Gitter und einen Rand machen;
- ✻ mit Ei bestreichen und 2 Stunden langsam backen.

Bei dem Rezept steht folgender Vermerk: „Nach einem Rezept aus dem Hotel ‚König von Ungarn' in Ödenburg. Fand großen Beifall als der Kaiser

Die Lintzer Dorten

Nimb $\frac{3}{4}$ süssen butter, treib ihn ein wenig ab, nimb hernach auch soviell mandl, rühr auch in den butter, nimb auch $\frac{3}{4}$ mehl, und soviell Zucker, mische unter einander, nimb die helffte von mehl, und Zucker, rühr unter die mandl und butter nimb ein blatel, und belege mit oblathen, nimb von den angemachten taig die helffte, auf ein blattel, walge kleine flachl davon, einen kleinen finger dick, lege auf das plattel, so mit oblath belegt ist, die helfte von den Mehl und Zucker musst du zum ausmachen brauchen, denn es muss nichts übrig bleiben, fülle darein, was du willst, von der anderen helffte des taigs mache Stangl darüber, mache einen Kranz um die dorten, mache ein papier auch herumb, und schmiere mit butter. bache es gantz gemach, und nicht zu braun.

Kochbuch um 1810 aus dem Stift Pannonhalma.

In der Österreichischen Nationalbibliothek hat sich ein Bild vom Besuch Kaiser Franz Joseph I. in Ödenburg erhalten.

dort bei den Wettrennen war." Damals war Kaiser Franz Joseph I. bei den Pferderennen in Ödenburg.

Im Vorwort des Kochbuches von Sophie Laßwitz[206], dem das Rezept und der Hinweis auf den Kaiser entstammen, erwähnt die Verfasserin unter anderem: „Zum Schluß erübrigt nur noch, zu bemerken, daß ich dieses Werk mit Hilfe der Gräfin T....... verfaßte, die als Gesandtenfrau Gelegenheit gehabt, viele Länder zu sehen, an den Höfen der meisten Potentaten kulinarische Studien zu machen und welche mir sodann das Resultat dieser Beobachtungen in Gestalt von Rezepten zur Verfügung stellte."

Wenn jemand für immer die Heimat verläßt und den Sprung übers Große Wasser wagt, was wird er wohl in seinem Reisegepäck mitnehmen? Zur Stärkung der Seele die Bibel und für den Leib das Kochbuch mit den Rezepten der Lieblingsspeisen.

So nimmt es auch nicht wunder, daß sich die Linzer Torte in den USA just bei jenen Bevölkerungsgruppen wiederfindet, in deren Heimat die Linzer Torte zum Fest gehörte. Eine Forschungsreise in die Vereinigten Staaten, um der Linzer Torte nachzuspüren, war natürlich nicht möglich. So mußte ich mich auf die Hilfsbereitschaft meiner Mitmenschen und den Zufall verlassen.

Der älteste Nachweis, der mir zugekommen ist, bringt das folgende Rezept:

Linzer Torte – ein Rezept, das schwäbische Auswanderer 1854 in ihre neue Heimat New Ulm (USA) mitgenommen haben.

50 dag Mehl
25 dag Zucker
25 dag Zitronat (im Original „citron")
10 Teelöffel Branntwein oder Wein
1/2 Teelöffel Soda in Wasser gelöst
2 Teelöffel Nelkenpulver (ins Mehl)
2 Teelöffel Zimt
abgeriebene Schale einer Zitrone
25 dag Butter
12 dag gehackte Mandeln
2 Eidotter
1/2 Tasse kaltes Wasser

- Aus den Zutaten einen Teig bereiten;
- in eine Tortenform geben und Streifen darauflegen;
- nach dem Backen zwischen die Streifen Tomaten-Ketchup füllen.

Ganz europäisch ist dieses Rezept freilich nicht geblieben, Ketchup gab es damals bestimmt noch nicht im Schwabenland.

„65 Verwandte taten sich zusammen", so schreibt Frau Beck in ihrem Buch „Mahlzeiten miteinander",[207] um ein gemeinsames Kochbuch für die nachfolgenden Generationen herauszubringen. Die Backanweisung stammt von Aunt Lou Pfaender und Tedda Graf, bemerkt die Übermittlerin.

Eine andere Insel der Linzer-Torten-Freunde hat sich um die Schweizer Kolonie in Monroe, im Bundesstaat Wisconsin, gebildet, wo der Wahllinzer Konditormeister Karl Schwager eine Konditorei betrieb und mit der Erzeugung der Linzer Torte begann, bei der ihm Linzer Konditorgesellen zur Seite standen. Inzwischen werden sie zu Tausenden gebacken. Der Werbeslogan „Königshöfe von gestern entzückte schon diese Linzer Torte" löst bei den Amerikanern geradezu einen Zwang aus, diese Köstlichkeit zu erwerben, denn weder die Schweizer noch die Amerikaner konnten oder können sich eines Hofes erfreuen.[208]

Werbung für unsere Torte machte auch die Baronin Maria Augusta Trapp, die in ihrem Hotel in Stowe im Bundesstaat Vermont ebenfalls die Linzer Torte eingeführt hat. 1978 plante sie, ein Kochbuch zu schreiben, „weil die amerikanischen Gäste ganz wild auf verschiedene Spezialitäten der österreichischen Küche sind, die im Hotel angeboten werden. Immer wieder werden die Rezepte des Apfelstrudels, der Linzer Torte und der Salzburger Nockerln verlangt."[209] Kein Wunder also, daß die Torte auch in die amerikanische Kochliteratur Eingang gefunden hat. Teilweise wird die Torte dann mit Schlagobers verziert, oder es wird nur der Boden leicht angebacken, bevor die Marmelade und die Teigstreifen darüberkommen. Die Herstellungsweise ist in „The Fannie Farmer Baking Book"[210] sehr genau geschildert, aber auch etwas kompliziert. Das könnte einem vor dem Zubereiten dieser Torte abschrecken.

So wurde die Linzer Torte umgetauft

Bei genauem Studium mancher Rezepte muß man feststellen, daß sie solche einer verkappten Linzer Torte sind. Es hat sich offenbar derselbe Prozeß bis in die neueste Zeit fortgesetzt, nach dem aus einer Mandeltorte oder Schüsseltorte eine „Linzer Torte" geworden ist, weil man sie in dieser Stadt kennengelernt hat. Die „Karnertorte" dürfte nach einer Familie dieses Namens getauft sein, von der das Linzer-Torten-Rezept einem nicht mehr zu eruierenden Empfänger weitergegeben wurde. Die Sudeltorte = gute Torte scheint als „die" Torte geschätzt worden zu sein. Von der Bröseltorte ist schon bekannt, daß manche Teige zur Linzer Torte „abgebröselt" werden. Im übrigen hat der große österreichische (Mundart)dichter Franz Stelzhamer der Bröseltorte in seinem Epos „D' Åhnl" ein literarisches Denkmal gesetzt.[211] Die St. Galler Klostertorte ist offenbar eine Erfindung der neuesten Zeit. Vielleicht wollte sich jemand einen Jux machen und unsere Linzerin unter einem geänderten Namen verkaufen.

Bröseltorte, die Zwillingsschwester unserer Linzerin, aus Ungarn 1862

Mache eine Teigmasse durch Reiben mit dem Ballen auf dem Brette an, von 1/2 Pfund Butter und 3/4 Pfund Mehl, arbeite dann darunter 1/2 Pfund geschälte, gestoßene Mandeln, 1/2 Pfund feingestoßenen Zucker, die geriebene Schale einer Zitrone, 1/2 Loth gestoßenen Zimmt, 1/4 Loth gestoßene Gewürznelken, und 1 ganzes Ei. Mache einen kleinfingerdicken Boden, fülle darauf Ribiselmarmelade oder eingemachte Weichsel, lege ein schiefes Gitter darüber, einen Rand ringsum; streiche mit Eiweiß an und überstreue mit gröblich gestoßenem Zucker und gebe es dann in den Ofen in gelinde Hitze.[212]

Linzer Torte – Königin der barocken Tortenbackkunst

Die Linzer Torte ist die Königin der barocken Tortenbackkunst. Alles, was der barocken Küche gut und teuer war, ist in ihr enthalten: Mandelkern und Gewürz, Zucker, Butter, Ei und Mehl. Ihr unübertroffenes Geheimnis umschließt die süße Bitternis der Mandeln, die lieblich duftende Dreieinigkeit von Zimt, Nelke und Muskat, die fruchtige Frische von Zitronen und säuerlicher Salse und die beruhigende Schwere von Butter und Eiern, das belebende Körnchen Salz nicht zu vergessen. Das Barock mit seiner Vorliebe für Symbolik und Gleichnis mag in ihr ein Lebenselixier gesehen haben, in dem alles enthalten war: das Bittere und das Süße, das Saure und das Würzige, das Schwere und das Duftige. Das Geheimnis ihres Gelingens hängt vom Verhältnis der einzelnen Ingredienzien ab, der Bearbeitung und der Kunst des Backens.[213]

E N D E.

Anmerkungen

[1] „Wie viele Linz gibt es?“ Neues Volksblatt, Linz, 8. Juli 1976, S. 9.

[2] Brandenstein, Wilhelm: Der Ortsname Linz. Historisches Jahrbuch der Stadt Linz 1960. Linz 1960, S. 331–334.

[3] Rausch, Wilhelm: Linz in der Geschichte Österreichs (Ausstellungskatalog). Linz 1961, S. 18.

[4] Grüll, Georg: Die Freihäuser in Linz. Linz 1955, S. 342.

[5] Wie Anmerkung 3, S. 12 und S. 15.

[6] Zedler, Johann Heinrich: Großes, vollständiges Universal-Lexicon Aller Wissenschaften und Künste. Leipzig und Halle 1744, S. 94.

[7] Kluge, Friedrich: Etymologisches Wörterbuch der deutschen Sprache. 21. unveränderte Auflage. Berlin, New York 1975, S. 784/I.

[8] Irsigler, Franz: Ein großbürgerlicher Kölner Haushalt am Ende des 14. Jahrhunderts. Festschrift Matthias Zender. Studien zur Volkskultur und Landesgeschichte, herausgegeben von Günter Wiegelmann. 2. Bd. Bonn 1972, S. 642.

[9] Der große Duden, Bd. 7 Etymologie, bearbeitet von Günther Drosdowski, Paul Grebe. Wien, Zürich, Mannheim 1963, S. 712/II.

[10] Wurmbach, Annemarie: Kuchen-Fladen-Torte. Eine wort- und sachkundliche Untersuchung. Zeitschrift für Volkskunde, 56. Jahrgang, Stuttgart 1960, S. 20–40.

[11] Polgar, Alfred: Ich bin Zeuge. Berliner Tageblatt Nr. 149, Abendausgabe vom 29. IV. 1927.

[12] Rotter, Hans: Die Wiener Bäcker von 1400 bis 1814. Wien, o. J. 400 Jahre Zuckerbäcker. Festschrift des 400. Bestehens des Zuckerbäckerhandwerks. Herausgegeben von der Landesinnung Wien der Zuckerbäcker. Wien 1955.

Mitteilung von Univ.-Doz. Dr. Peter Csendes, Stadt- und Landesarchiv Wien, derzufolge sich auch in den Bürgereidbüchern kein „Linzer“ mit einem für die Erfindung einer Torte einigermaßen einschlägigen Beruf findet.

[13] Trost, Ernst: Die Donau. Lebenslauf eines Stromes. Wien, München, Zürich 1968, S. 161.

[14] Wurzbach, Constant von; Biographisches Lexikon des Kaiserthums Österreich. 4. Theil, Wien 1858, S. 234/II.

[15] Hagger, Conrad: Neues Saltzburgisches Koch-Buch/Für hochfürstliche und andere vornehme Höfe/Clöster/Herren-Häuser/Hof- und Hauß-Meister/Köch und Einkäufer .. Augsburg 1718. OÖ. Landesmuseum Inv. Nr. 4436.

[16] Wie Anmerkung 14, S. 233/II.

[17] Fest-Feier zum 80. Geburtstage und zum 50jährigen Armenvater-Jubiläum des Herrn Johann Conrad Vogel ... am 9. August 1876 ... Separat-Abdruck aus der Tagespost Nr. 183, 184 und 185 vom Jahre 1876, Linz 1882. Druck und Verlag J. Wimmer

[18] Linzer Volksblatt, Nr. 234 vom 12. Oktober 1883.

[19] Neues Fränkisches Kochbuch oder deutliche und bewährte Anweisung zur vorteilhaftesten und schmackhaftesten Zubereitung der Speisen und Getränke, des Backwerks und der Konfituren .... Zweite verbesserte und vermehrte Auflage. Ansbach 1816, S. 465, Nr. 705.

[20] Krackowizer, Ferdinand: Linz im Jahre 1868. Volksblatt, 1. Jänner 1928 Festfolge.

[21] Rózsa, Miklós: Die Produktionstätigkeit eines Zuckerbäckers in Pest in den ersten zwei Jahrzehnten des 19. Jahrhunderts. Beiträge zur Geschichte des Pester Zuckerbäckergewerbes. Brief an die Verfasserin vom 5. Mai 1979.

[22] „ELLE“. Paris, 27. Oktober 1960, S. 139.

[23] Den Hinweis auf diese Version verdanke ich Herrn Univ.-Prof. Dr. Károly Gáal, Wien.

[24] Mitteilung des Ungarischen Handels- und Gastgewerbemuseums Budapest vom 7. April 1978.

[25] Mitteilung von Dr. Bona Gábor, Wien, ungarische Archivdelegation im Kriegsarchiv Wien, 8. März 1990.

[26] Anonymes Kochbuch. Handschrift um 1810 im Stiftsarchiv Pannonhalma.

[27] Brief von Dr. Dáné, Tibor, Cluj-Napoca, 31. Oktober 1977.

[28] Steiner, Bernd: Pepioukh Her-ab und die Linzertorte. Tages-Anzeiger, Zürich, 17. April 1976, S. 45.

[29] Neunteufl, Herta: Kulturgeschichte der Linzer Torte. Oberösterreichische Heimatblätter, Jahrgang 31/1977, Heft 3/4, S. 195f.

[30] Policey-Ordnung Der Röm. Kayserl. auch zu Hungarn und Böhaimb ec. Königlichen Mayest. Herrn/Herrn Leopold I. … Anno M.DC.LXXI (1671).

[31] Winter, Johanna Maria van: Kochkultur und Speisegewohnheiten der spätmittelalterlichen Oberschichten. Adelige Sachkultur des Spätmittelalters. Veröffentlichung des Instituts für mittelalterliche Realienkunde Nr. 5, Wien 1982, S. 329.

[32] Zöhrer, August: Die Bevölkerung von Linz und ihr Wohnraum. Jahrbuch der Stadt Linz 1936. Linz 1937, S. 58.

[33] Oberösterreichisches Landesarchiv, Schlüsselberger Archiv, Sammlung Hoheneck, Handschrift 34, fol. 433 r. u. v.

[34] Archiv der Stadt Linz, Altes Archiv, 3. Altakte, Schuber 7.

[35] Archiv der Stadt Linz, Altes Archiv, 3. Altakte, Schuber 7.

[36] Archiv der Stadt Linz, Altes Archiv, 3. Altakte, Schuber 7.

[37] Maier-Bruck, Franz: Vom Essen auf dem Lande. Das große Buch der österreichischen Bauernküche und Hausmannskost. Wien 1981, K 121, N 194, S 340.

[38] Oberösterreichisches Landesarchiv, Archiv der Herrschaft Oberwallsee, Schuber 57, Beylags Abschriften zur Pflege Raittung der Herrschaft Oberwallsee v. 1. Nov. 1664 bis letzten Dezember 1665 fol. 30 v.

[39] Wiener Stadt- und Landesbibliothek, Kochbuch 1696, Ja 33 6 18.

[40] St. Hilaire, Josephine von: Die wahre Kochkunst oder Neuestes geprüftes und vollständiges Pesther Kochbuch. Eilfte vermehrte und verbesserte Auflage, Pesth 1854, S. 375, Nr. 597.

[41] Stöckl, Elisabeth: Neuestes und bewährtes Kochbuch für bürgerliche Haushaltungen. 4. verb. Auflage, Wien 1881, S. 301, Nr. 30.

[42] Prato, Katharina: Die Süddeutsche Küche. 53. Auflage, Graz und Wien 1913, S. 541.

[43] Kochbuch Hellena Haffnerin/Oberösterreichisches Landesmuseum, Linz. Mus. 123, fol. 46 v.

[44] Keimelmayr, Georg: Wo man die Linzer Torte zu hohen Feiertagen bäckt. Vorderösterreich nach 170 Jahren. Neues Volksblatt, Linz, 24. Februar 1978, S. 12.

[45] Reumann, Anna: Das schmeckt an Rhein und Neckar. Stuttgart 1936, S. 27.

[46] Brief vom 31. 8. 1988, Bad Waldsee.

[47] Mitteilung von Herrn Ernst Kalchthaler, Freiburg i. Br., vom 26. Jänner 1961.

[48] Huggle, Ursula: Das Kochbuch der Maria Anna Barxlin (1715 ff.). Zeitschrift des Breisgau-Geschichtsvereins Schauins-Land 106/1987, S. 181–228.

[49] Kochbuch, Handschrift ohne Titel aus 1718, Oberösterreichisches Landesmuseum, Hs. Ms. 120, Inv. Nr. 50/1950, S. 11.

[50] Wie Anmerkung 4, S. 71 f.

[51] Wie Anmerkung 15.

[52] Kolb, Aegidius: Tischgebräuche in St. Peter nach dem Speisenbuch von 1728. Festschrift St. Peter zu Salzburg 582–1982, S. 588.

[53] Wie Anmerkung 52, S. 590.

[54] Linzer Regesten BIB I 2384.

[55] Seifert, Traudl, Sametschek, Ute: Die Kochkunst in zwei Jahrtausenden. Das große Buch der Kochbücher und Meisterköche. München o. J., S. 215.

[56] Koch- und Einmach- auch Artzney Buch so aufgericht und zusamben getragen worden Anno 1731. Privatbesitz Familie von Straß, S. 347, Nr. 355 und S. 349, Nr. 357.

[57] Koch Puech, So Zusamen Geschriben worden in Jahr Anno 1743. Der tugendsammen Jungfrauen Regina Buchmayrin Zuegehörig. Österreichische Nationalbibliothek. Wien, Cod. 15116.

[58] Koch-Buch. Mein Mariae Sußänä Heimin Gehörig und Geschriben worden in Jahre 1751. Archiv Geschichtsverein Klagenfurt. GV 12/3.

[59] Maier-Bruck, Franz: Das große Sacher-Kochbuch. Die österreichische Küche. Herrsching am Ammersee 1975, S. 561.

[60] Neunteufl, Herta: Leobner Kochbücher des 18. Jahrhunderts. Der Leobner Strauß, Bd. 7, Leoben 1979, S. 130ff.

[61] Beck, Gertrud, unter Mitarbeit von Walter Allinger und Erich Schwaderer: Mahlzeit miteinander. Speis und Trank – einst und jetzt – Rund um eine Donaustadt. Ulm 1987. S. 36.

[62] Brief an die Verfasserin o. D. (1988).

[63] Kochbuch der Anna Maria Kindervatterin Beim Rad. Handschrift, Ulm um 1800 (Stadtbibliothek Ulm). Mitteilung von Frau Beck, siehe Anmerkung 61.

[64] Neues und bewährtes Kochbuch, worin eine große Anzahl sehr guter und wohl geprüfter Kochregeln für Fleisch- und Fasttäge enthalten ist. Zusammengetragen von mehreren geschickten und berühmten Köchinnen. Linz o. J. (1798).

[65] Niedereder, Maria Elisabetha: Das neue große geprüfte und bewährte Linzer Kochbuch in zehn Abschnitten, enthält ein tausend dreyhundert sechs und achtzig Kochregeln für

Fleisch – und Fasttage sehr deutlich und faßlich beschrieben. Linz 1804.

66) Probst(in), Francisca: Praktisches Urfahr Linzer Kochbuch. Linz 1821.

67) Kochbuch der Eleonore Nast. Handschrift, früher Vormärz, Sammlung Dr. Hans Bernert, Wien.

68) Zenker, F. G.: Vollständige theoretisch-praktische Anleitung zur feinen Kochkunst für herrschaftliche und bürgerliche Tafeln. Zweyter Theil: Die Kunstbäckerey. 2. Auflage, Wien 1824, S. 229 ff.

69) Zelena, Franz: Allgemeines österreichisches oder neuestes Wiener Kochbuch in jeder Haushaltung brauchbar, oder die Kochkunst für herrschaftliche und bürgerliche Tafeln. 2. Auflage, Wien 1831, S. 713.

70) Durch Vermittlung von Frau Dr. Ingrid Haslinger, Deutsch-Wagram, erhielt ich die Erlaubnis zur Wiedergabe dieser Aufzeichnungen aus dem Besitz des Enkels von Ludwig Troszt, Herrn Peter Troszt, Wien.

71) Die Klosterküche von Wörishofen. Ein praktisches Kochbuch im Sinne Kneipps. An der Hand des hochwürdigsten Herrn Pfarrers zusammengestellt von einigen Schwestern des Dominikanerinnenklosters in Wörishofen. Brixen 1892. S. 180, Nr. 5.

72) Wie Anmerkung 61, S. 37.

73) Pückler – Muskau, Hermann von: Briefwechsel und Tagebücher, Hamburg 1873, Bd. 2, S. 66 f.

74) Klingemann, (Ernst) August (Friedrich): Kunst und Natur III. Braunschweig 1828, S. 180.

75) Schmidt, Justus: Linzer Torte, Lied ohne Worte. Oberdonau, Heft 2, S. 34 f. Linz 1941.

76) Bahr, Hermann: Die Einsichtslosigkeit des Herrn Schäffle. Drei Briefe an einen Volksmann als Antwort auf „Die Aussichtslosigkeit der Sozialdemokratie". Zürich 1886, S. 86.

77) Wie Anmerkung 11.

78) Berthelsen, Detlef: Alltag bei Familie Freud. Die Erinnerungen der Paula Fichtl. München 1989.

79) Deutsche Kochschule in Prag. Sammlung von erprobten Speisevorschriften. 1. Auflage, Prag 1887.

80) Kolb, Annette: Blätter in den Wind, Auswahl. Frankfurt 1954, S. 13.

81) Malina, Peter: Die gezeichnete Republik. Oesterreich 1918–1938 in Karikaturen. Wien 1988, S. 76.

82) Lehr, Rudolf: Landeschronik Oberösterreich. 3000 Jahre in Daten, Dokumenten und Bildern. Wien, München 1987.

83) Traxler, Hans: Leute von Gestern. Zürich, S. 92.

84) „Linzer Torte", Operette von Ignaz Brantner und Hans Gustl Kernmayr, Musik von Ludwig Schmidseder, Liedertexte von Aldo v. Pinelli und Ignaz Brantner. Leipzig 1944.

85) Firmenjubiläum „55 Jahre Konditorei Jindrak. Drei Jahrhunderte Linzer Torte". Linz, 17. Oktober, Linz 1984.

86) Ratzenböck, Peter: Dichterworte an die Linzertorte. Manuskript.

87) Fiebig, Dr. Lothar: Freizeichen, Warennamen und bekannte Bildmotive für Süßwaren. Süßwaren, Fachblatt für Süßwaren-Industrie, Süßwaren-Handel und verwandte Wirtschaftszweige. 3. Jahrgang, Nr. 18. Hamburg 1959, S. 960 ff.

88) Fa. Altmüller-Bogner, Vergnügungsdesign, Linz.

89) Besitz von Frau Anni Altenburger, Rattenberg.

90) Wie Anmerkung 15.

91) Kochbuch gesamelt und abgeschrieben von K. F. Eberstaller zum dauernden Angedenken für seine Niece Catharina Margelik. 18 Anno 29. Archiv der Stadt Linz, Sammlung Pachinger, P 31.

92) Marperger, Paul Jacob: Vollständiges Küch- und Keller-DIKTIONARIUM, Hamburg 1716, S. 643 ff.

93) Krünitz, Johann Georg: Oeconomische Encyklopädie oder allgemeines System der Staats-, Stadt-, Haus- und Landwirtschaft. III. Theil, Brünn 1787, S. 346.

94) Wechsberg, Joseph und Redaktion der TIME-LIFE Bücher: Die Küche im Wiener Kaiserreich. Stuttgart 1983, S. 156.

95) Götting, Wilhelm (Bearb.): Burg Pürnstein, Inventar vom Jahr 1564. Linz 1976, S. 27.

96) Hoffmann, Alfred: Linzer Bürgerreichtum im 17. Jahrhundert. Jahrbuch der Stadt Linz 1936, Linz 1937, S. 114.

97) Neunteufl, Herta: Kulturgeschichte der Linzer Torte. Oberösterreichische Heimatblätter, Jahrgang 31, Heft 3/4, Linz 1977, S. 195 ff.

98) Wie Anmerkung 96.

99) Benker, Gertrud: Nudelbrett und Nudelwalker in ihrem Funktionszusammenhang. Sammeln und Sichten (Festschrift für Franz Maresch). Wien 1979, S. 46.

100) Fontane, F. C.: Wie man in Berlin zur Zeit der Königin Luise kochte. Ein gastronomischer Beitrag nach den im Jahre 1795 niedergeschriebenen Aufzeichnungen von F. C. Fontane. Photomechanischer Nachdruck, Berlin 1986, S. 174.

101) 130 Back-Rezepte für die einfache und feine Küche. Herausgegeben von dipl. Haushaltslehrerinnen. O.O. und o.J. (Schweiz) S. 18.

[102] Kochbuch, Handschrift um 1789, Besitz von Frau Solvejg Jordan, Petronell, S. 189.

[103] Wilhelmi, Luise und Dr. Löbe, William: Illustrirtes Haushaltungs-Lexicon. Straßburg i. E. 1884. S. 612.

[104] Mitteilung der Fa. Leo Jindrak, Linz.

[105] Mitteilung von Frau Paula Reis, Engerwitzdorf, Haid.

[106] Zenker, F. C.: Nicht mehr als 5 Schüsseln. Ein Kochbuch für die mittleren Stände. Wien 1820, S. 281.

[107] Voit, Josef: Handbuch für den Drogen-, Kolonial- und Farbwaren-Handel. Wien 1926, S. 565.

[108] Reitter, Helene: Kochbuch für fleischlose, fettlose und eiersparende Kost, Wien 1919, S. 176.

[109] Grunauer, Johann Albrecht: Das vollständige und vermehrte auf die neueste Art eingerichtete Koch-Buch. Nürnberg 1733, S. 402.

[110] Wie Anmerkung 93, S. 351.

[111] Wie Anmerkung 92, S. 722.

[112] Kleines österreichisches Kochbuch, Wien 1797. Bildarchiv der Österreichischen Nationalbibliothek.

[113] Bauer, Anna: Die praktische Wiener Köchin. 6. Auflage, Wien 1895, S. 291, Nr. 749.

[114] Tagwerker, Anna: Neuestes Kochbuch für feine und bürgerliche Küche. Innsbruck o. J., S. 380.

[115] Triwald, geb. Ugka, Gabriele: Böhmische Universal-Köchin. Prag o. J., S. 333, Nr. 788.

[116] Wie Anmerkung 108.

[117] Wie Anmerkung 107, S. 325.

[118] Straßmayr, Eduard: Die Linzer Patrizier Peißer von Wertenau. Jahrbuch der Stadt Linz 1937. Linz 1938, S. 155 ff.

[119] Mayrhofer, Fritz, Katzinger, Willibald: Geschichte der Stadt Linz, Bd. 1, Linz 1990, S. 364 f.

[120] Heitz, J(ohann), M(ichael): Die Wiener Bürgerküche. Wien 1912, S. 631.

[121] Wie Anmerkung 107, S. 215.

[122] Gartler, Ignaz, Hikmann, Barbara: Wienerisches bewehrtes Kochbuch in sechs Abschnitten . . . 32. Auflage, Wien 1818, S. 454, Nr. 1185.

[123] Franke, Gunther, u. a.: Früchte der Erde. Leipzig, Jena, Berlin 1976, S. 158.

[124] Wie Anmerkung 61, S. 127.

[125] Wie Anmerkung 105.

[126] Allgemeines Küchenlexikon für Frauenzimmer welche ihre Küche selbst besorgen oder unter ihrer Aufsicht besorgen lassen. II. Theil, Leipzig 1794, Sp. 1262.

[127] Gööck, Roland: Das Buch der Gewürze. München 1977, S. 48.

[128] Wie Anmerkung 127, S. 131 ff.

[129] Wie Anmerkung 96, S. 113.

[130] Linzer Regesten B VII 2, 817.

[131] Linzer Regesten B II A 28, 18185 und 18203.

[132] Wie Anmerkung 127, S. 191 ff.

[133] Wie Anmerkung 57.

[134] Wie Anmerkung 127, S. 137.

[135] Wie Anmerkung 127, S. 163 f.

[136] Wie Anmerkung 107, S. 565.

[137] Mitteilung von Herrn Konditormeister Erik Wrann, Linz.

[138] Wie Anmerkung 127, S. 138 f.

[139] Mitteilung von w. Hofrat Dipl.-Ing. Hubert Thalhamer, Bundesanstalt für Lebensmitteluntersuchung, Linz.

[140] Kochbuch, Handschrift in deutscher Sprache im Archiv des Stiftes Pannonhalma, Ungarn, um 1810.

[141] Wie Anmerkung 68, S. 231.

[142] Haarer, Luise: Kochen und Backen nach Grundrezepten. Eßlingen am Neckar 1940, S. 147.

[143] G(leim), B(etty): Bremisches Koch- und Wirtschaftsbuch, 1. Theil. Bremen und Aurich 1808, S. 219.

Koch Buech zu beliebigen Gebrauch Maria Anna von Zaukhenberg. Im Jahre 1741. Museum der Stadt Villach, Inv. Nr. alt 6764, Handschrift C 838, S. 6.

[144] Wie Anmerkung 28.

[145] Wiener Stadt- und Landesbibliothek, Ja 33 6 18.

[146] Wie Anmerkung 15, S. 215.

[147] Wie Anmerkung 56.

[148] Koch Buch worinen Allerhand Speisen und Confecta zu finden Anno 1735. Bundesstaatliche Studienbibliothek Linz, Signatur L 72, fol. 120 v.

[149] Münchner Konditoreizeitung vom 11. September 1953, Nr. 37.

[150] Bewehrtes Koch-Buch, In sechs Absätz vertheilet; In welchem zu finden; Wie man verschiedene Speisen von allerhand Wild-Prät, Fleisch, Geflügelwerk, Fische und Garten-Gewächsen wie auch Torten, Pastetten, und anderes Gebackenes, niedlich zurichten könne. Verbesserte fünfte Auflage, Wien o. J. (1759), S. 191, Nr. 339.

[151] Koch-Buch für Theresia Braitschuch Anno 1844, S. 23, Handschrift im Besitz von Herrn Konsulent Werner Lehner, Bad Leonfelden.

[152] Kochbuch der Constanze Busenlechner, Handschrift um 1870, S. 1. Besitz Regierungsrat Otmar und Eleonore Sackl, Katsdorf.

[153] Kochbuch, Handschrift 2. Hälfte 19. Jahrhundert, aus dem Marienhof St. Veit an der Glan. Privatbesitz.

[154] Kochbuch, Handschrift, Ende 19. Jahrhundert, mit Eigentumsvermerk „Maxymowicz". Privatbesitz.

[155] Hampel, Friedrich: Hand-Receptbuch für die Thee- und Mehlspeisküche. Wien, Pest, Leipzig 1896, S. 15 f.

[156] Corti, Egon Caesar Conte: Elisabeth. Die seltsame Frau. Nach dem schriftlichen Nachlaß der Kaiserin, den Tagebüchern ihrer Tochter und sonstigen unveröffentlichten Tagebüchern und Dokumenten. 18. Auflage, Salzburg, Leipzig 1936, S. 453.

[157] Wie Anmerkung 156, S. 380.

[158] Brockhaus' Konversationslexikon. 14. Auflage, Berlin und Wien 1903. „Sinaia" Bd. 14, S. 992, Sp. II; „Pelesch" Bd. 12, S. 986, Sp. II.

[159] Wie Anmerkung 156, S. 480.

[160] Diese Angaben erhielt ich von Frau Dr. Ingrid Haslinger, Deutsch-Wagram. Sie hat mir auch die Erlaubnis zum Publizieren dieser Rezepte vom Erben Ludwig Troszts, Herrn Peter Troszt, vermittelt.

[161] Frau Dr. Hertha Ladenbauer-Orel und Frau Stefanie Kisslinger, beide Wien.

[162] Mitteilung des Museums der Stadt Wien vom 18. Juli 1990.

[163] Strobl, Anna: Die praktische Wiener Küche. Universal-Kochbuch für den besseren Bürgerstand. Wien 1912, S. 470 f.

[164] Wie oben.

[165] Wie Anmerkung 120.

[166] Aus der Kochbuchsammlung Dr. Franz Maier-Bruck.

[167] Wie oben.

[168] Fürlinger, Anton Raimund und Steckler, Erna: Das Glück im Haus. Koch- und Wirtschaftsbuch. Wien o. J. (1929), S. 167.

[169] Dobrucki, Elfriede: Alte Rezepte neu gekocht. Linz 1987, S. 29.

[170] The Macquarie Dictionary of Cookery. McMahons Point, N.S.W. Australia, 1983, S. 574.

Alle Hinweise auf die Linzer Torte in Australien verdanke ich dem Linzer Wolfgang Kraft, Sidney.

[171] Landsdowne: All Colour Cookbook. 5. Auflage, Sidney 1984, S. 147.

[172] New Larousse Gastronomique. London, New York, Sidney, Toronto 1977, S. 918.

[173] Mrs. Beetons Cookery and Household Management. o. O. 1960, S. 1233.

[174] Simon, André and Howe, Robin: Dictionary of Gastronomy. o. O. 1978.

[175] Vollständige Anleitung aller Gattungen von Backwerk, Krem's, Sulzen, eingesottenem und eingelegtem Obste auf die beste und wohlfeilste Art zu verfertigen. 9. Auflage, Brünn 1836, S. 49, Nr. 85; S. 103, Nr. 176; S. 133, Nr. 232.

[176] Wie Anmerkung 115, S. 148.

[177] Deutsche Kochschule in Prag. Sammlung von erprobten Speisevorschriften. VIII. vermehrte Auflage, Prag 1907, S. 456.

[178] Stadtarchiv Freiburg im Breisgau. Handschrift B 1/31, fol. 39 v.

[179] Wie Anmerkung 48.

[180] Grebitz, Caroline Eleonore: Die besorgte Hausfrau in der Küche, Vorrathskammer und dem Küchengarten. Berlin 1826, S. 454, Nr. 790.

[181] Faißt, Emma: Neues praktisches Koch-Buch für die bürgerliche Küche. 4. Auflage, Karlsruhe und Leipzig (1919), S. 241, Nr. 892.

[182] Siehe Anmerkung 68.

[183] Kindermann, Wilhelm: Das bunte Tortenbuch. 3. Auflage, Stuttgart 1982, S. 166.

[184] Wie Anmerkung 22.

[185] Mitteilung von Herrn Karl Moser, Executive Chef im Hyatt Saujana, Malaysia.

[186] Mitteilung von Frau Hertha Gruber-Kammerstätter, Linz.

[187] Mitteilung von Herrn Konditormeister Klaus Wimmer, Linz.

[188] Wie Anmerkung 28.

[189] Haus-, Hof- und Staatsarchiv Wien, HWA 1838/24 Speisezettel und Provisionsbegehren, Hofküche Venedig.

[190] Tepperberg, Christoph: Mannschaftsmenage. Über das Essen und Trinken in den Kasernen der k. und k. Armee. Mitteilungen des österreichischen Staatsarchivs 39/1986, S. 90–113.

[191] Speise-Zettel des Stiftes Zwettl Nied.Oest. A. 1901. Stiftsarchiv Zwettl Signatur $\frac{29}{38}$, S. 2.

[192] Klier, Karl, M.: Speisezettel der bischöflichen Hofküche zu Linz (um 1860). Historisches Jahrbuch der Stadt Linz 1963, Linz 1964, S. 201 und S. 205.

„Die Tafel zu Großvaters Zeiten" ist entnommen: Fink, Hans: Tiroler Küche, Tisch und Keller im Laufe der Jahrhunderte. Reimmichls Volkskalender für das Jahr 1971. Bozen 1978, S. 217.

[193] Mitteilung von Frau Dr. Zofia Szromba-Rysowa, Krakau.

[194] Durch Vermittlung von Frau Maria Ritter, Ried i. I.

[195] Oberösterreichische Nachrichten, 117. Jahrgang, Nr. 177 vom 3. 8. 1981, S. 7.

[196] Hagdahl, Dr. Ch. Em.: Kok-konsten som vetenskap och konst med särskildt afseende på helsolärans och ekonomiens. Stockholm 1891, S. 750 f.

[197] Mitteilung von Frau Ursula Trümpler-Rohr, Schaffhausen.

[198] Mitteilung von Herrn Dr. Andreas Morel, Basel.

[199] Mitteilung von Frau Dr. Gertrud Beck, Ulm.

[200] Wie Anmerkung 28.

[201] Albonico, Heidi und Gerold: Schweizer Tafelfreuden. Altville am Rhein 1978, S. 111.
Bührer, Peter: Schweizer Spezialitäten. Rüschlikon-Zürich 1986, S. 131.
Kaltenbach, Marianne: Aus Schweizer Küchen. Bern und Stuttgart 1989, S. 138.

[202] Brief des Stiftsarchivars von St. Gallen, Dr. Werner Vogler, vom 14. Juli 1989.

[203] Mitteilung von Frau Gertrud Beck, Ulm.

[204] Dem Archivar des Stiftes Pannonhalma gilt mein besonderer Dank.

[205] Kövér, Anna: Geprüftes Musterkochbuch der ungarischen Küche. Pest und Wien 1862, S. 250.

[206] Laßwitz, Sophie: Internationale Kochkunst. Sophie Laßwitz' Damenbibliothek. Anleitung zur Bereitung der besten Speisen und Getränke aus den Küchen aller Nationen. Graz o. J., S. 102.

[207] Wie Anmerkung 61, S. 36.

[208] „Königshöfe von gestern entzückte schon diese Linzer Torte", Oberösterreichische Nachrichten, 19. Februar 1965, S. 7.

[209] Röck, Anneliese: Urgroßmutter Trapp. Oberösterreichische Nachrichten, Weihnachtsmagazin 1978, VI.

[210] Cunningham, Marion: The Fannie Farmer Baking Book. New York 1984, S. 372 f.

[211] Stelzhamer, Franz: D'Ahnl. Gedicht in obderennsischer Volksmundart. Aus dá Hoamat. Linz 1899/1900, S. 135.

[212] Wie Anmerkung 205, S. 249, Nr. 750.

[213] Wie Anmerkung 60, S. 129.

Nachwort

Wie kommt man dazu, ein ganzes Buch über eine Torte zu schreiben? Es begann ganz harmlos. Auslösendes Moment war ein Artikel in einer in München erscheinenden Tageszeitung: „Erfinder der Linzer Torte ein Bauernsohn aus Franken“ stand da zu lesen. Mein damaliger Chef im Archiv brachte mir diesen Zeitungsausschnitt, der mit einem roten Fragezeichen des Bürgermeisters versehen war, und meinte, ich solle mich der Geschichte annehmen. Ich sagte zu, nicht ahnend, was da auf mich zukommen werde: Es war, als hätte man einen Stein ins Wasser geworfen, der nun immer weitere Kreise zieht.
Vorarbeiten zur Geschichte der Linzer Torte hatte schon Franz Sames geleistet. Die greifbare neuere Literatur und die in Archiven und öffentlichen Bibliotheken verwahrten Kochbücher sowie jene in privater Hand wurden gründlich studiert.

Es war ja nicht allein das Suchen nach dem ältesten Rezept der Linzer Torte. An der Vielfalt kulturgeschichtlicher Aussagen, die alte Kochbücher bergen, kann man nicht vorübergehen. Sozialgeschichte spiegelt sich in den Speisenvorschriften, Politik und Wirtschaftsgeschichte in den Einflüssen ausländischer Speisen und Gewürze, Religionsgeschichte in den Fastenge- und -verboten. Modespeisen kennen wir nicht nur in der Gegenwart. Der technische Fortschritt, die Änderung von Maßen und Gewichten, Geldentwertung, Krisenzeiten und Wirtschaftswachstum, Krieg und Frieden spiegeln sich im Kochbuch ebenso wie die Veränderungen der Sprache, der Schrift und der Kunst des Buchbindens.
Ich habe versucht, in diesem Buch von all dem etwas anklingen zu lassen. Möge es den Leserinnen und Lesern die Stadt Linz von einer neuen Seite nahebringen und auch bewußt machen, welch historische Dokumente Kochbücher aller Zeiten – auch der Gegenwart – sind. Man sollte sie nicht nur ihrer Rezepte wegen studieren, sondern versuchen, auch zwischen den Zeilen zu lesen – und sie als Zeitdokumente zu achten. Und wenn Sie eine Linzer Torte essen, denken Sie daran: Sie ist ein Stück Geschichte, seit dreihundert Jahren schon erfreuen sich Menschen an ihr.

Es ziemt sich nun, all jenen hilfreichen Mitmenschen zu danken, die das Zustandekommen dieses Buches erst ermöglicht haben. An vorderster Stelle sei Kulturverwaltungsdirektor i. R. Universitätsprofessor OSR Dr. Wilhelm Rausch genannt. Er war der Initiator und mein damaliger Chef. Soweit dies mit den dienstlichen Obliegenheiten vereinbar war, hat er meine Arbeit gefördert.
Einen großen Sprung vorwärts brachte mich die Einladung von Dr. Julius Arndt und seiner Frau, der bekannten Kochbuchautorin Erna Horn, ihre umfangreiche Kochbuchsammlung in Schloß Buchenau bei Zwiesel als ihr Gast durchzusehen. Ich bin ihnen für diese Großzügigkeit über ihren Tod hinaus zu Dank verpflichtet.
Jahre später war es die Bekanntschaft mit Dr. Franz Maier-Bruck, dem Autor des „Großen Sacher Kochbuchs“ und „Vom Essen auf dem Lande“ und vieler anderer Kochbücher, die mir wertvolle Hinweise brachte und den Zugang zu seinen Büchern. Dieser wurde mir auch nach seinem zu frühen Tod von der Familie seines Bruders Sepp und der Schwester Marianne gewährt.

Für die allzeit bewiesene Hilfe und freundliche Aufnahme danke ich ihnen von ganzem Herzen. In der Folge war es der damalige Landesinnungsmeister der Konditoren Oberösterreichs, Leo II. Jindrak, der darauf drängte, meine Forschungsergebnisse nicht nur in Artikeln und kleinen Ausstellungen zu präsentieren, sondern in einem Buch niederzulegen. Seine Witwe, Frau Brigitte Jindrak, und sein Sohn, Konditormeister Leo III. Jindrak haben diese Intentionen weiterverfolgt und mich bei meinen Forschungen jederzeit ermuntert und unterstützt. Dafür bin ich ihnen sehr verbunden.
Meine Arbeiten hätten jedoch nicht vollendet werden können, wenn nicht Gelegenheit gewesen wäre, lange in Wien zu forschen. Viele Wochen fand ich gastliche Aufnahme und verständnisvolle Förderung bei meiner mütterlichen Freundin, Frau Dr. Hertha Ladenbauer-Orel, und ihrem Gatten, Medizinalrat Dr. Ernst Ladenbauer. Es gehört zu den schönsten Stunden meines Lebens, mit ihnen anregende Gespräche zu führen.
Schließlich wäre das Buch wahrscheinlich noch nicht erschienen, hätte nicht Frau Susanne Gscheidlinger als Lektorin die Arbeiten tatkräftig vorangetrieben. Ihr und dem Verlag sei für das aufrichtige Bemühen um das Zustandekommen des Buches besonders gedankt.

Mein Dank gilt auch vielen öffentlichen Einrichtungen und Privatpersonen, deren Namen und Verdienste ich nicht im einzelnen aufzuzählen vermag. Es seien daher nur stellvertretend genannt: OSR Michael Barczyk, Stadtarchiv, Bad Waldsee; Dr. Gerda Barth, Wiener Stadt- und Landesbibliothek; Hermi Bauböck, Ried i. Innkr.; Gertrud Beck, Ulm; Ew. Frauen Benedicta und Maura, Stift Nonnberg, Salzburg; Dr. Hans Bernert, Wien; Dr. Bona Gábor, Kriegsarchiv, Wien; Dr. Christian Brandstätter, Wien; Den Clubschwestern vom Soroptimist-Club Linz; Univ.-Doz. Dr. Peter Csendes, Wiener Stadt- und Landesarchiv; Dr. Dáné Tibor, Cluj-Napoca; Diogenes Verlag AG, Zürich; Stadtoberarchivrat Dr. Ecker, Stadtarchiv Freiburg im Breisgau; Edition S, Wien; Dr. Egon und Dr. Margit von Ellrichshausen, Linz; Konsulent Dir. Dr. Fritz und Elfriede Frank; Mutter Gabriela und Schwester Bernadette, Kloster Wonnenstein, Niederteufen; Dr. Gecsényi Lajos, Haus-, Hof- und Staatsarchiv Wien; Dr. Adolf Hahnl, Archiv der Erzabtei St. Peter in Salzburg; Dr. Ingrid Haslinger, Deutsch-Wagram; Historisches Museum der Stadt Wien, Karlsplatz; Kärntner Landesarchiv, Klagenfurt; Direktor SR. Willibald Katzinger, Stadtmuseum Nordico, Linz; Stefanie Kisslinger, Wien; Pater Georg König, OCIST., Zwettl; Direktor Dr. Dieter Neumann, Stadtmuseum Villach; Dr. Herta Neunteufl, Graz; Orbis-Verlag, Zürich; Ministerialrat Dr. Peter Parenzan, Burghauptmannschaft, Wien; Hofrat Mag. Dr. Franz Patzer, Wiener Stadt- und Landesbibliothek; Peter Ratzenböck, Linz; Wolfgang Kraft, Sidney; Landesmuseum Joanneum, Graz, Bild- u. Tonarchiv; Landesmuseum für Kärnten, Klagenfurt; Pater Maximilian OSB, Stiftsarchiv Pannonhalma; SR. Direktor Dr. Fritz Mayrhofer, Archiv der Stadt Linz; Dr. Andreas Morel, Basel; Karl Moser, dzt. Hyatt Saujana, Malaysia; Anita Nalepka, Linz; Paula Reis, Haid, Engerwitzdorf; Dr. Rózsa Miklós, Nagykanizsa; Hertha Schallmeiner, Ried i. I.; Steiermärkisches Landesarchiv, Graz; W. Hofrat Dipl.-Ing. Hubert Thalhamer, Enns; Herr Peter Troszt, Wien; Frau Ursula Trümpler-Rohr, Schaffhausen; Dr. Franz Zamazal, Linz; Dr. Wolfram Zaunmüller, Linz; Dr. Brigitta Zeßner-Spitzenberg, Österreichische Nationalbibliothek, Bildarchiv.

Bildnachweis

Umschlagbild: Frühstücksservice der Kaiserin Elisabeth, aufgenommen in der Hofburg zu Wien. Aufnahme: Marianne Haller, Die Fotografin für Kunst & Werbung, Wien.

Vor- und Nachsatz: Linz vom Donauufer von Urfahr 1826. Lithographie von Adolf Friedrich Kunike nach Jakob Alt. Museum der Stadt Linz-Nordico.

S. 2: Hochzeitstafel Sigismunds von Dietrichstein. (1515). Kopie des verschollenen Originals aus dem späten 16. Jahrhundert. Steiermärkisches Landesmuseum Joanneum, Graz, Abteilung Bild- und Tonarchiv.

S. 7: Kolorierter Kupferstich von Matthäus Merian nach einem unbekannten Zeichner, vor 1649. Aufnahme Franz Michalek. Museum der Stadt Linz-Nordico.

S. 12: Der Hauptplatz gegen Norden, nach 1774. Unbekannter Künstler. Aufnahme Franz Michalek. Museum der Stadt Linz-Nordico.

S. 14: Die Linzer Landstraße nach Süden. Lithographie von Josef Hafner, Mitte 19. Jahrhundert. Aufnahme Franz Michalek. Archiv der Stadt Linz, Abteilung Dokumentation.

S. 15 und 16: Zeichnung Herbert Friedl, aus: Liselotte Schlager, Linzer Torte, Linz 1978.

S. 18: Ausschnitt aus dem Bild von S. 2.

S. 21: Zwei Ausschnitte aus der Linzer Hochzeitsordnung von 1644. Aufnahme Walter Litzlbauer, Archiv der Stadt Linz, Abteilung Dokumentation.

S. 23: Kolorierte Xylographie um 1880. Privatbesitz.

S. 25: Titelbild des Saltzburgischen Kochbuchs von Conrad Hagger im Oberösterreichischen Landesmuseum, Linz. Aufnahme Max Eiersebner.

S. 29: Speisen-Tarif aus dem „Gasthaus im Seitzerhof". Sammlung Dr. Christian Brandstätter, Wien.

S. 30: Speisezettel aus Wien, Biedermeierzeit, Sammlung Dr. Christian Brandstätter, Wien.

S. 31: Titelbild aus F. G. Zenker: Der Zuckerbäcker für Frauen mittlerer Stände. Privatbesitz.

S. 32: li.: Menuplan für Kaiser Franz Joseph I. vom 6. XII. (1915?), unterbreitet vom späteren Chefkoch Rudolf Munsch., Aus dem Besitz der Erben von Rudolf Munsch.

S. 32: re.: Menuzettel aus Eckartsau für Kaiser Karl und Kaiserin Zita und ihre Suiten vom 10. Juli 1918. Privatbesitz von Prinzessin Elisabeth von und zu Liechtenstein (Waldstein).

S. 33: Alt-Wiener Glückwunschkarte, kolorierter Kupferstich von Hans Adamek, Wien um 1830. Reproduktion aus: Gustav Gugitz, Die schöne Linzerin. Original verschollen. Aufnahme Franz Michalek, Museum der Stadt Linz-Nordico.

S. 34: Zeichnung von Herbert Friedl, Wie bei Bild S. 15.

S. 35: Oben: „Die Linzer Torte", entnommen dem Buch von Peter Malina, Die gezeichnete Republik, Edition S, Wien, 1988.

S. 35: Unten: Karikatur, entnommen dem Buch von Hans Traxler, Leute von Gestern, Zürich 1981.

S. 39: Zeichnung nach einer Abbildung in Bartholomeo Scappis Kochbuch von 1570.

Darunter Deckel einer Tortenpfanne. Zeichnung nach einem Original in den Sammlungen des Steiermärkischen Landesmuseums Joanneum im Schloß Stainz.

re. oben: Kleiner transportabler Blechbackofen nach einer Xylographie in: Julius Gouffé, Die feine Küche, 2. Band, Leipzig (1883).

S. 40: Reklame für Küchengeräte aus: J. M. Heitz, Die Wiener Bürgerküche. Wien 1912.

S. 42: Barockes Teigrädchen, Nachzeichnung nach einer Illustration in einem nicht identifizierten Kochbuchfragment.

S. 43: Schmierfedern. Foto: M. Fischerlehner, Ottensheim.

S. 51: Tortenschachtel der ehemaligen Konditorei Gröbl, Linz, Klosterstraße, Museum der Stadt Linz. Aufnahme Franz Michalek.

S. 55: li.: Rezept des Lintzer Teiges im Saltzburgischen Kochbuch von Conrad Hagger, 1718, OÖ. Landesmuseum, Aufnahme Max Eiersebner.

re.: „Der geflochtene Lintzer Dorten". Wie oben.

S. 56: „Koch-Einmach – auch Artzney Buch so augericht und zusamben getragen worden Anno 1731, Stift Mölk, 1731". Privatbesitz Familie von Straß.

S. 57: „Koch Buch worinen Allerhand Speisen Vnd Confecta zu finden Anno 1735". Studienbibliothek Linz. Aufnahme Alfred Thiele.

S. 60: Hampel, Friedrich: Hand-Rezeptbuch. Titelblatt. Original in der Österreichischen Nationalbibliothek, Wien.

S. 61: Aus der Hofküche in Wien. Österreichische Nationalbibliothek, Lichtbildstelle.

S. 64: Johann Strauß mit seiner dritten Ehefrau, Adele, und deren Tochter Alice. Museen der Stadt Wien.

S. 69: Rettig, Magdalena Dobromila, Die Haus-Köchin, 6. Auflage, Königgrätz 1852. Privatbesitz.

S. 71: Kochbuch der Maria Anna Barxlin 1715 ff. Stadtarchiv Freiburg in Breisgau.

S. 74: li.: Aus dem „Speise-Zettel des Stiftes Zwettl, Anno 1901", S. 2. Stiftsarchiv Zwettl.

re.: „Tafel zu Großvaters Zeiten", aus: Fink, Hans: Tiroler Küche, Tisch und Keller im Laufe der Jahrhunderte. Reimmichls Volkskalender für das Jahr 1971, Bozen 1978.

S. 76: Hagdal, Dr. ch. Em, Kok-Konsten ...." Stockholm 1891. Besitz Frau Hertha Schallmeiner, Ried i. I.

S. 77: Rezept der Linzer Torte aus dem oben angeführten Kochbuch.

S. 78 und 79: Titelseite aus dem „Menubuch des schweizerischen Wirte-Vereins". Sammlung Dr. Franz Maier-Bruck.

S. 82: Kochbuch, Handschrift im Stift Pannohalma.

S. 83: Kaiser Franz Joseph I. 1884 in Ödenburg. Bildarchiv der Österreichischen Nationalbibliothek, Wien.

S. 86: Schlußvignette aus einem Kochbuchfragment in Privatbesitz. Aufnahme Max Eiersebner.